DES
INTRIGUES POLITIQUES

QUI,

DEPUIS 1823 JUSQU'EN 1834,

ONT PRÉPARÉ LE TRIOMPHE

DE LA

RÉVOLUTION EN ESPAGNE,

AVEC DES RENSEIGNEMENS BIOGRAPHIQUES
SUR FERDINAND VII, ZUMALACARREGUY ET AUTRES,

PAR D.......

TRADUIT DE L'ESPAGNOL PAR A. DE M.......

La race des vrais rois tôt ou tard est chérie.

VOLTAIRE.

PRIX : 3 FR.

PARIS.
LIBRAIRIE DE MADAME GOULLET,
PALAIS-ROYAL, GALERIE D'ORLÉANS, N° 7.
1834.

DES INTRIGUES POLITIQUES

QUI,

DEPUIS 1825 JUSQU'EN 1834,

ONT PRÉPARÉ LE TRIOMPHE

DE LA

RÉVOLUTION EN ESPAGNE.

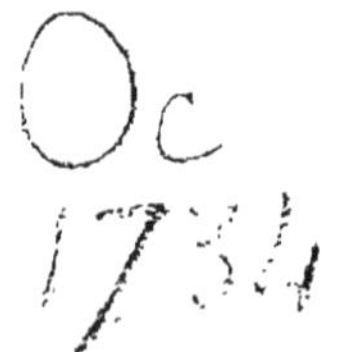
Oc
1734

PARIS. — IMPRIMERIE DE A. BELIN,
Rue Ste-Anne, n. 55.

DES
INTRIGUES POLITIQUES

QUI,

DEPUIS 1823 JUSQU'EN 1834,

ONT PRÉPARÉ LE TRIOMPHE

DE LA

RÉVOLUTION EN ESPAGNE,

AVEC DES RENSEIGNEMENS BIOGRAPHIQUES
SUR FERDINAND VII, ZUMALACARREGUY ET AUTRES,

PAR D......

TRADUIT DE L'ESPAGNOL PAR A. DE M.......

La race des vrais rois tôt ou tard est chérie.

VOLTAIRE.

PARIS.

LIBRAIRIE DE MADAME GOULLET,

PALAIS-ROYAL, GALERIE D'ORLÉANS, N° 7.

1834.

PRÉFACE DE L'AUTEUR.

Poussé par l'anarchie qui ensanglante l'Espagne et menace l'Europe des maux qui désolent ma patrie ; jeté loin de mon pays par une de ces tourmentes politiques qui bouleversent le monde et renversent les empires, j'osai compter sur l'hospitalité des gouvernemens : je m'abusais ! !...

J'espérais au moins que, privé d'une épouse chérie,

des caresses de mes enfans ; qu'éloigné d'une mère déjà parvenue à cet âge où les consolations d'un fils sont toujours si puissantes en nous dissimulant le désenchantement de la vie, la politique dirait : c'est assez... je m'abusais encore ! !

Voudrait-on me punir de ma probité politique ? de ma fidélité au malheur ? de mon dévoûment à de hautes infortunes ? de ma fidélité à mon prince, à mon roi ?... Il faut qu'il en soit ainsi ; autrement, comment expliquer cette obstination dans les poursuites, cette persévérance dans l'arbitraire ?...

Les malheurs qui fondent sur ma patrie, et dont l'image remplit mon ame d'amertume ; ma famille exposée peut-être aux persécutions dirigées par ces nouveaux *Séides* de l'anarchie contre tout ce qui porte un cœur honnête et reconnaissant ; la discorde promenant ses brandons enflammés au milieu de nos provinces, jadis paisibles et florissantes, aujourd'hui en proie à toutes les horreurs de la guerre civile... Tel est le tableau hideux qui s'offre sans cesse à mon imagination..... Quel assemblage de calamités !..... je suis anéanti !... Mais quels accens ont frappé mon oreille ?... Pourquoi ce trouble que j'éprouve ?... que mon ame est émue ! mon cœur tressaille d'allégresse, mes chaînes sont moins gênantes ; elles ont perdu leur poids ! !... Mais non, je ne m'abuse pas, c'est la voix de la patrie !

Eh! quelle autre eût pu tromper l'épaisseur de ces murs?... Oui, j'entends ta voix, noble Espagne : je saurai satisfaire au devoir que tu m'imposes. Je fus témoin des faits qui préludèrent aux malheurs qui t'accablent : j'en rapporterai les circonstances désastreuses avec courage et vérité.

Espagnol proscrit, fugitif, c'est à moi qu'il appartient de démasquer ces missionnaires de l'absurdité : j'indiquerai les noms de ces hommes qui, sans pudeur, ont immolé ton repos à leur insatiable avidité, et qui, sans consistance, ni morale, ni politique, recherchent, au nom d'une propagande désorganisatrice, ce qui ne fut jamais que le prix de l'honneur et des vertus patriotiques.

Dévoué par conviction à la cause de *Carlos quinto* (Charles v), mon devoir est, sans doute, de justifier ce prince des fautes que ses ennemis lui ont supposées, et surtout de l'inaction dans laquelle il resta en Portugal, après la mort de son frère.

Le lecteur trouvera peut-être trop de sévérité contre des personnes qu'il voudrait que j'eusse ménagées davantage; mais je le prie de se souvenir que c'est un Espagnol qui écrit l'ouvrage, non-seulement pour défendre la légitimité en général, mais pour faire voir à toute l'Europe les entraves qui ont empêché son roi d'agir autrement qu'il l'a fait. Pour remplir ce devoir, je me garderai bien de dire un seul mot qui ne soit facile à justifier, mais aussi je ne cacherai la conduite d'aucune de ces personnes qui ont eu un rapport direct avec la manière d'agir de don Carlos. Je voudrais de tout mon cœur passer sous silence les événemens de Portugal, mais alors comment justifier mon roi?.... Tant pis pour celui qui n'a pas la franchise et la loyauté pour guide...

Vérité, auguste fille du Ciel, guide ma plume! c'est à toi d'apprendre aux générations futures que, hors de la justice et du droit, il n'y a, ni ne peut y avoir, que malheur et désespoir.

DES INTRIGUES POLITIQUES

QUI,

DEPUIS 1823 JUSQU'EN 1834,

ONT PRÉPARÉ LE TRIOMPHE

DE LA

RÉVOLUTION EN ESPAGNE.

CHAPITRE Ier.

J'eus des adorateurs et n'eus pas un ami.
VOLT.

Avant de parler des événemens qui ont affligé l'Espagne et dont les conséquences affreuses inondent de sang cette terre classique de la fidélité, je dois donner une idée aussi juste qu'impartiale du caractère de l'homme que l'inflexible histoire désignera comme l'auteur des maux qui désolent la Péninsule ; de celui qui, après avoir été, pendant vingt-quatre longues années, l'idole de la nation, refusa de cimenter le bonheur de sa patrie et prépara le triomphe de l'anarchie. A ce tableau frappant de vérité.... le nom de Ferdinand VII.... tombe de ma plume !

Je ne dirai rien de sa conduite en 1808. Cet épisode de la monarchie espagnole a fourni le texte de vingt ouvrages qui tous émettent des opinions différentes : les uns déversent les torts sur Charles IV ; les autres en accablent au contraire son fils, qu'ils accusent même du crime de lèse-majesté. Quant à moi, je me suis fait une loi de ne parler que des faits auxquels j'ai dû prendre, et ai pris en effet, une part active ; ou de ceux qui se sont passés assez près de moi pour que j'en fusse le témoin : je m'abstiens donc de toutes réflexions. J'avouerai seulement, et d'après une profonde conviction, que je suis loin d'absoudre le fils au détriment du roi son père, la conduite de Ferdinand n'ayant jamais été signalée que par des actes de perfidie.

Ah! que Marie-Louise, sa mère, avait bien jugé du caractère de son fils , lorsque, dans un moment d'abandon que lui avait inspiré l'enthousiasme du peuple en faveur de Ferdinand,

elle s'écria : « *Les Espagnols désirent Ferdi-*
» *nand pour leur roi : ils s'en souviendront un*
» *jour, mais en versant des larmes de sang :*
» *car alors ils auront eu le temps d'apprécier*
» *tout ce que son cœur renferme d'ingratitude*
» *et de fausseté.* »

Pourquoi faut-il que cette prophétie se soit accomplie! Malheureuse Espagne, réponds-moi, jamais mère connut-elle mieux son fils ?...

Ferdinand était devenu l'idole des Espagnols. Quel peuple montra jamais plus de dévoûment à la personne de son roi, et déploya plus de persévérance et de courage pour lui conserver un trône que des dissentimens de famille avaient compromis? Tandis que l'Europe subjuguée recevait la loi du vainqueur, que les peuples et les rois suivaient, humiliés, le char d'un nouvel Alexandre, une seule nation resta debout sur les ruines de sa monarchie, ce fut la nation espagnole.... Qu'il fut grand cet enthousiasme qui mit les armes aux mains de tout un peuple enivré du besoin de combattre pour son antique indépendance! Que de sacrifices furent faits alors au nom de la patrie menacée! Oui, comme aux époques les plus glorieuses de l'antiquité, chacun aspirait au bonheur de mourir pour elle; aussi, depuis les Pyrennées jusqu'aux

Colonnes d'Hercule, il serait difficile de trouver un mètre de superficie qui ne fût pas dépositaire de quelques débris humains, nobles et touchantes preuves de la fidélité de ces braves qui descendirent dans la tombe en prononçant le nom du Roi !

Je le répète, le nom de Ferdinand était alors pour les Espagnols un talisman dont l'influence surnaturelle leur dissimulait les dangers et les portait avec fureur contre les baïonnettes ennemies : il encourageait les faibles, inspirait aux braves un plus haut degré d'énergie. C'est ce nom magique qui fit inscrire dans les fastes de la valeur espagnole le récit des belles journées de *Sarragosse*, de *Girone*, d'*Albuera*, de *Vittoria*, etc.

Pas une famille qui n'eût à déplorer la perte de l'un des siens tombé sur un champ de bataille, et cependant toute plainte eût paru un outrage si la nature, cherchant à reprendre ses droits, un instant méconnus au bruit des combats, les eût réclamés au nom de ces braves. Il est mort pour Ferdinand, s'écriaient la mère éplorée, la veuve délaissée, l'enfant privé des embrassemens de son père.... aussitôt les larmes étaient séchées..... Avouons-le, ce dévoûment était admirable !

Cependant la Providence avait fixé l'année 1814 comme le terme de cette guerre d'extermination qui avait étendu ses ravages depuis les bords du Nil jusqu'à Moscow. Une paix générale avait été signée : les nations épuisées allaient enfin déposer le glaive de Mars. Les Espagnols aussi saluèrent de leurs vœux cette nouvelle ère de bonheur et de paix, et jetant des regards empressés vers les Pyrénées, ils attendaient avec avidité que, du haut de leur sommité, apparût l'ange tutélaire de la présence duquel ils faisaient dépendre le bonheur de la patrie.

Tel on voit le laboureur attentif et laborieux, après avoir interrogé les secrets de l'orient, adresser des actions de grâce au Dieu des moissons et demander aux rayons vivifians de l'astre régénérateur de nouvelles richesses, de nouveaux bienfaits : de même on vit tout un peuple élever vers le ciel sa voix reconnaissante dès qu'il découvrit que, du haut de ces montagnes, que la nature a données pour limites à deux vastes empires, descendait l'objet de son choix, de son amour et de son culte.

Point de dissidence d'opinion parmi cette masse de peuple : tous les cœurs étaient à l'unisson du bonheur et de l'espérance. Les plus vives acclamations accueillirent Ferdinand, que les

Espagnols saluèrent à son arrivée du surnom de *Désiré* (El deseado); et jusqu'à Madrid le voyage de Ferdinand fut un long triomphe. Des bénédictions unanimes l'accompagnèrent jusque sur son trône. Quel noble et touchant tableau que celui de tout un peuple victorieux suivant avec délire le prix de son constant héroïsme et de sa fidélité, et auquel les Espagnols attachaient le bonheur d'un plus heureux avenir en dédommagement d'un passé si affreux !

Les villes, bourgs, villages, placés sur l'itinéraire royal, unissaient leurs acclamations à celles des habitans assez fortunés pour avoir salué le roi quelques instans avant eux. Ce fut de cette manière que le cortége du roi, grossissant toujours, finit par devenir l'expression directe et unanime du vœu national. Ces acclamations devinrent tellement bruyantes qu'on eût dit que l'Espagne cherchait à remplacer, par l'expression bruyante de sa joie, les douleurs qu'elle eût infailliblement exprimées, si elle eût entendu le bruit causé par les roues du char royal lorsqu'il broyait les ossemens de ses nobles fils, morts pour son indépendance et répandus sur le sol de la patrie.

Sous de tels auspices, il était naturel de penser que le roi, guidé par son cœur paternel, s'em-

presserait d'acquitter la dette de la reconnaissance ; je veux dire celle du sang versé pour lui ;
que la vue des campagnes désolées qu'il venait
de parcourir et qu'il avait, six années auparavant, laissées si riches de culture et de produits,
lui ferait sentir aussi le besoin des plus larges
économies ; et qu'enfin il allait donner tous ses
soins au soulagement des maux qu'avait causés
une invasion de six années.

Voyons quels furent les moyens qu'il em-
ploya pour assurer le bonheur de l'Espagne, la
consoler de ses malheurs, de ses sacrifices et lui
assurer un avenir de calme et de prospérité.

Doué d'une paresse devenue proverbiale en
Espagne, Ferdinand vii ne s'occupa jamais de
la situation du trésor ; dès-lors il ne put découvrir sur quelles branches du service devaient
porter les économies.

Entièrement à la disposition de ses ministres,
ce fut à eux que le roi confia la conduite du
royaume. Ceux-ci s'en acquittèrent avec une
telle abnégation de tout principe d'équité, de
justice et de prévoyance, avec un tel mépris
pour la fortune publique qu'en 1823, par
exemple, au moment où de nouvelles blessures
avaient donné plus de gravité à celles reçues
pendant la guerre contre l'usurpation de Napo-

léon ; les impositions furent fixées d'après les bases de celles de 1784, l'une des époques les plus florissantes de la monarchie, malgré les frais énormes qu'avait occasionnés l'alliance de la France et de l'Espagne lors de la guerre de l'indépendance américaine.

Et cependant l'Espagne fut-elle jamais moins heureuse, sous le rapport de ses finances, qu'en 1823? Mais les ministres ne tinrent aucun compte de la situation du royaume et, en résultat, lorsque tant de motifs les obligeaient à diminuer les charges du peuple, elles furent doublées, au contraire, par la mesure adoptée et que je viens d'indiquer.

Chaque ministre des finances, sous Ferdinand, fut un véritable despote : agissant sans contrôle, ce favori ne songeait qu'à se former un riche capital, qui chaque jour s'accroissait des sacrifices imposés, outre mesure, à un peuple épuisé par la guerre et ceux qu'il avait faits. Ce ministre avait encore à sa disposition des sommes considérables qui, indépendantes de celles désignées pour le service de son département, étaient destinées à satisfaire les exigences du roi; car, loin de se contenter des fonds énormes affectés à l'entretien de la cour et qu'un luxe effréné rendait toujours insuffisans, sa majesté recevait en-

core, de tous côtés et par tous les moyens possibles, les sommes qu'il disait lui être utiles. C'est
ainsi que des fonds affectés à des crédits sacrés,
si je puis m'exprimer ainsi, reçurent une autre
destination. L'avarice de Ferdinand, son goût
pour l'argent étaient tellement reconnus, qu'il
est souvent arrivé qu'un ministre, menacé de
tomber en disgrâce, soit allé déposer à ses pieds
cinquante ou soixante mille piastres (deux cent
cinquante ou trois cent mille francs), en les lui
offrant comme un excédant sur les besoins de
son ministère et comme la preuve certaine d'une
sage et méthodique administration : c'était ainsi
qu'il achetait la conservation de son portefeuille.

Ces dilapidations, car je ne sais quel autre
nom donner à cela, avaient lieu tandis que des
veuves de militaires, tués sur les champs de
bataille et pour son service, attendaient depuis
plus de six mois le paiement d'une modique
pension.

Les emplois ne furent pas donnés avec plus
de discernement et d'équité qu'on n'en mettait à
ménager les ressources du pays. Jamais on n'eut
égard aux droits acquis; la faveur seule indiquait le choix du roi, au détriment de tant de
braves mutilés. Une foule de réclamans se traî-
naient chaque jour sur les pas de sa majesté qui

ne pouvait descendre l'escalier de son palais, ou monter en voiture, sans être entourée de quelques centaines de ces pétitionnaires qui, le placet à la main, venaient réclamer le prix de leurs services. Ferdinand recevait machinalement ces pétitions et les remettait, avec la même indifférence, à l'officier des gardes-du-corps de service qui n'en faisait aucun cas.

Cette myriade de demandes, loin de dessiller les yeux du monarque en les lui ouvrant sur l'une des plaies les plus profondes de l'Espagne, semblait au contraire fatiguer sa vue et lui causer de l'impatience.

Si le roi eût été moins subjugué qu'il ne l'était en effet par les jouissances du luxe, pour l'aliment duquel des sommes colossales furent sacrifiées, sans doute il eût été facile de remédier à tant de maux : l'Espagne était fatiguée, mais non pas épuisée ; une sage économie aurait pu en quelques années cicatriser les plaies de la guerre et consoler les particuliers de leurs sacrifices...... Hélas ! il n'en fut rien. Sans égard pour les malheurs du peuple, on exigea de lui jusqu'à ses moindres ressources pécuniaires, et, tandis que Ferdinand faisait arriver à grands frais des pays étrangers les plus somptueux ameublemens, le peuple, les défenseurs de son trône, de ses droits, ceux auxquels il devait sa couronne, mouraient de faim par suite des rigueurs dont ils étaient l'objet pour l'acquit de leurs contributions.

C'est surtout après le voyage du roi en Catalogne et son retour par l'Aragon que ces mesures furent plus acerbes encore.

Les ministres avaient donné les ordres les plus précis pour que les villes, bourgs, villages, situés sur le passage du roi, reçussent sa majesté de la manière la plus convenable, en laissant d'ailleurs à la charge de ces localités l'acquit des dépenses qu'elles auraient faites pour sa majesté.

Ferdinand, au contraire, avait demandé qu'on ne fît aucun frais lors de son passage, contraste qui laissait les populations incertaines sur la détermination qu'elles auraient à prendre, ce qui fit qu'un bon nombre de villes, bourgs ou villages obéirent aux ordres des ministres, et d'autres à celui du roi qui, lors de son passage, critiqua les uns et manifesta la plus grande humeur pour la retenue des autres, qui cependant n'avaient fait que suivre les ordres qu'il avait donnés, contradictoirement il est vrai à ceux de ses ministres. Les Espagnols se livrèrent, encore en cette circonstance, à toute la puissance de leur affection pour Ferdinand. Les dépenses les plus folles furent faites sans discer-ment; les ministres l'avaient ordonné : c'est ainsi que, dissimulant aux yeux du roi la véri-table situation du royaume, que le roi lui-même paraissait méconnaître, bien qu'il n'igno-rât rien du malheur de son peuple, on le rendit plus cruel encore.

Ce voyage, les frais qu'il avait nécessités de-vaient nécessairement avoir dérangé bien des calculs, bien des économies; néanmoins, ce fut au moment où les Espagnols venaient de faire de nouveaux sacrifices, que les contributions furent exigées avec le plus d'activité; on alla jusqu'à faire vendre le mobilier de ceux qui ne purent payer, et ce, sans égard à ces considérations de fortune et de position qui, partout ailleurs, sont toujours si puissantes.

Mais, si les plaintes et les demandes du peuple ne furent jamais écoutées, il faut avouer que les personnages les plus élevés par leur rang, leur fortune ou leurs dignités ne furent pas plus heureux. Cette insouciance du roi s'étendait à tout, et comme s'il se fût interdit la jouissance de faire, au moins quelquefois, le bien par lui-même, il arriva souvent que ces hauts sollici-teurs, fatigués d'attendre le succès de la demande qu'ils avaient formée, ou l'acte de justice qui leur était dû, se voyaient contraints de s'adresser à celui de ses domestiques (Franciscon) qui était plus en faveur auprès de S. M. que le premier grand d'Espagne, ou que le militaire qui aurait perdu ses deux bras sur le champ de bataille.

Ferdinand joignait à cette dureté du cœur, à cette apathie, à cette paresse inconcevables, une fausseté de caractère qu'il dissimulait par les paroles les plus affectueuses : quelques circonstances que je vais indiquer suffiront pour le prouver incontestablement.

Tous ses favoris furent successivement bannis, arrêtés ou fusillés, et cela quelques instans après avoir quitté le roi, avec lequel ils avaient causé dans ses appartemens particuliers, de la manière la plus amicale même, et après avoir reçu de lui des cigarres de la Havane dont il faisait le plus grand cas. Par exemple, lorsqu'un conseil de guerre fut convoqué pour juger le général *Elio*, ce furent des officiers de la garde nationale qu'on désigna pour être ses juges. Ce conseil fut ainsi composé parce que le roi connaissait les principes politiques des juges chargés d'apprécier la conduite du général, de ce zélé serviteur qu'il savait innocent; enfin, la sentence rendue, on l'envoya à Ferdinand, qui la confirma sans égard pour les services que lui avait rendus cette victime de la barbarie la plus atroce. Le trait que je vais citer encore fait également frémir.

En 1825, voulant avoir un prétexte pour changer son ministère, il fit appeler le général *Bessières;* arrivé au palais, le roi lui donna l'ordre de fomenter une révolte dans le but de le forcer, lui, Ferdinand, à renvoyer ses ministres. *Bessières,* après une très-longue conférence, promit d'exécuter les ordres de son souverain et partit pour la province de Soria. Les ministres ayant eu connaissance de ce projet, vinrent le signaler au roi qui l'avait formé, et lui demandèrent la punition exemplaire et prompte des conspirateurs; Ferdinand consentit à tout : l'ordre d'arrêter *Bessières* fut signé; il portait l'injonction formelle de le faire fusiller immédiatement sans qu'il lui fût permis de prononcer un seul mot. Ce fut le comte d'Espagne qu'on chargea de l'exécution de cet ordre cruel, inhumain; beaucoup d'autres officiers partagèrent le sort de l'infortuné *Bessières.*

Toute l'Espagne connut ce trait de perfidie et se le rappelle encore avec horreur.

Jamais Ferdinand n'eut un véritable attachement pour qui que ce fût; ses femmes mêmes ne purent se glorifier d'avoir possédé son cœur. C'est à un tel point que, huit jours après le décès de la reine *Marie-Amélie*, il parlait déjà de son mariage avec Christine.... *Je crains de dire que, même avant son veuvage, il en avait déjà fait la confidence.*

Ferdinand avait les goûts bas, les inclinations triviales : loin d'aimer le spectacle, de l'encourager et d'admirer les chefs-d'œuvre de Rossini, il leur préférait les chants dégoûtans de l'un des marmitons du château qu'il faisait venir auprès de lui. Là, tout ce que la licence a de plus effréné, et l'obscénité de plus révoltant était chanté par ce valet, en s'accompagnant sur la guitare, et, plus ses gestes donnaient d'expression aux paroles, plus le roi était heureux.

S'il allait au spectacle, ce n'était nullement par intérêt ni par goût du théâtre, comme je l'ai dit, mais pour y voir l'une de ces danses qui, souvent, attristent la pudeur et font rougir la décence : s'il savait que le fandango ou le bolero dût y être dansé, c'était avec la plus grande anxiété qu'il attendait qu'il commençât; alors il sortait de son assoupissement, son front se déridait, et comme ses goûts étaient publiquement connus, le directeur du théâtre confiait toujours l'exécution de cette danse à l'actrice la moins retenue dans ses poses, et plus ses gestes étaient lascifs, ses attitudes indécentes, plus S. M. était satisfaite.

Parlerai-je de son courage? il n'en avait pas. Pour s'en convaincre, il suffit de se rappeler le tremblement dont il ne put se rendre maître, lorsque le général Vallesteros lui présenta à signer, en 1820, la charte constitutionnelle. Voici quelques détails qui méritent d'être connus.

Le parti révolutionnaire, après avoir fait de vains efforts pour établir un gouvernement plus conforme à ses desseins, et ne se regardant pas comme battu, se servit d'un moyen unique pour triompher de la résistance du roi. L'on dressa l'acte constitutionnel qui fut calqué sur celui des anciennes cortès. Puis, muni de cette pièce, le général Vallesteros monta chez le roi; il présenta cette charte au monarque qui, d'abord saisi d'un tremblement excessif, refusa de le signer en disant qu'il devait compter sur la fidélité de l'armée et en particulier de sa garde; mais Vallesteros lui ayant répondu que ses officiers demandaient unanimement son acceptation *et qu'une révolte avait eu lieu parmi les*

*troupes rassemblées pour l'expédition d'Amé-
rique* (1), il prit la plume et signa, tandis que,
au contraire, sa garde indignée espérait avec
confiance qu'il s'y refuserait. Ah! si le roi se fût
seulement présenté sur le balcon de son palais,
que de maux eussent été évités, en reconnaissant
la fidélité de ses officiers !

Mais se conduisit-il avec plus de discernement, avec plus d'énergie, lorsqu'en 1822, le 7 de
juillet, après avoir mis aux mains de quelques
bataillons de sa garde les armes qu'il leur avait
ordonné de tourner contre les libéraux, et leur
avoir promis de se mettre à leur tête, il les laissa
impitoyablement massacrer dès qu'il vit les
troupes de la garnison prêtes à repousser l'attaque de ces braves, qu'il avait compromis par son
imprévoyance et sa lâcheté? *Don Carlos*, déjà
à cheval, lui demanda l'honneur de les commander : le roi le lui refusa. La garde, veuve alors
de son roi, qui avait rompu son alliance avec
elle, se battit dans les rues avec un courage admirable. Un bataillon repoussé par des forces
nombreuses s'étant retiré par la plaine d'Alcor-
con, après avoir évacué la ville, fut haché par

---

(1) Cette révolte était vraie; elle eut lieu à l'île de Léon :
nous en parlerons.

la cavalerie constitutionnelle, sous les yeux du roi, qui le vit de l'une des fenêtres de son appartement sans témoigner aucune sympathie pour ces victimes de son incroyable impéritie; singulière position que celle de ces deux corps combattant avec le plus grand acharnement et croyant satisfaire aux intentions du roi! En effet, les libéraux se battirent pour le maintien d'une constitution que le roi leur avait ordonné de défendre, et les royalistes pour exécuter les ordres directs du monarque.

Le roi n'avait, à vrai dire, aucune opinion politique. Il était cruel, despote, mais sans énergie pour exercer son despotisme; il ne connut jamais que la dissimulation qu'il regardait comme une vertu gouvernementale.

Machiavel ne pensait pas autrement. Son esprit flottant, incertain, d'une opinion à l'autre, sévissait aujourd'hui contre les royalistes, et le lendemain contre les libéraux. C'est ainsi qu'une fois tombé entre les mains de ceux-ci, il fit toutes les bassesses imaginables pour se soustraire au poignard de la révolution.

Je terminerai ici cette espèce de biographie morale et politique de Ferdinand vii.

Si les poètes, en faisant allusion à ses nombreuses victoires, comparèrent Napoléon à l'aigle qui plane au haut des cieux, en laissant le monde étonné de son audace, je crois la comparaison tout aussi exacte en assimilant Ferdinand vii au Sphinx de Thèbes, à ce monstre épouvantable qui, nourri du sang des Thébains, fut encore après sa mort la source des maux qui désolèrent la Grèce; à ce monstre enfin qui rendit OEdipe responsable de ses crimes, comme s'il eût voulu se venger de son parricide et incestueux vainqueur, en rendant sa mémoire un sujet d'horreur.

Le règne de Ferdinand vii ne sera pas oublié du peuple espagnol, qui s'épuisa pour ce monarque ingrat, qui, à son tour, ne lui légua que la guerre civile, la misère et tous les maux qui en sont la conséquence. Comme le Sphinx, Ferdinand est un objet d'horreur dont le souvenir se perpétuera de siècle en siècle... Pourquoi faut-il qu'un moderne *OEdipe*, un nouveau fils de *Laïus* ne soit pas venu, il y a vingt-cinq ans, délivrer l'Espagne de la présence de ce monstre qu'elle a nourri de son sang!... Que de maux il nous eût épargnés!....

Je m'arrête. Il m'est pénible d'avoir eu à m'exprimer comme je l'ai fait; en cela, si je suis coupable, c'est d'avoir, seul, exprimé l'indignation de tous, de m'être rendu l'écho de l'Espagne, de cet infortuné pays, digne, par sa constante fidélité, sa patience, son courage héroïque et son amour pour ses rois, d'un sort moins injuste et d'un avenir moins affreux. Les événemens que je vais détailler, seront, je l'espère, mon excuse.

CHAPITRE II.

Le gouvernement constitutionnel ayant été établi, en 1820, les amis de l'ordre, les hommes dévoués au bonheur de l'Espagne, virent avec effroi la révolution qui venait de s'opérer; le système adopté par les cortès ne laissant aucun doute sur le but qu'ils voulaient atteindre, il fut facile de juger que les efforts constans de ce nouvel aréopage ne pouvaient mener l'Espagne qu'à l'anarchie, que leur projet était de changer la forme du gouvernement, et de détruire dans tous les cœurs cette confiance politique que pouvaient, peut-être, inspirer les nouvelles doctrines, pour y substituer *la république*.

Disons un mot des ressorts mis en jeu pour renverser l'autorité du roi et lui substituer d'abord le gouvernement constitutionnel.

Ce fut par la révolte des troupes réunies en Andalousie et destinées à protéger les riches conquêtes des *Pisaro, Colomb, Fernand-Cortès*, conquêtes faites avec tant de persévérance et qui rendirent immortels les noms de ces héros ; ce fut, dis-je, en ébranlant la fidélité des troupes réunies dans *l'île de Léon*, que les cortès préludèrent à l'exécution de leur projet.

Il y avait deux ans que l'expédition, réunie dans l'île de Léon, attendait le moment de partir pour l'ancienne patrie *des Incas*. Les vœux de la nation hâtaient ce départ et accompagnaient les héros qui en faisaient partie... Mais les ordres d'embarquement n'arrivèrent jamais... L'impéritie d'un gouvernement timide, sans fixité de système comme sans énergie, éloignait chaque

jour du roi une foule de cœurs qui lui avaient
été dévoués; les royalistes, toujours trop confians,
espéraient encore du sort de la monarchie, tandis que les libéraux travaillaient avec ardeur au
renversement du trône. Des émissaires partirent
pour l'Andalousie. Ils persuadèrent aux troupes,
fatiguées par deux années d'inaction et la monotonie d'une vie sans contraste, que l'expédition
ne pouvait qu'être désastreuse pour l'Espagne;
que les révoltés de l'Amérique n'étaient pas ceux
du temps de *Fernand-Cortès*, et qu'enfin ils
devaient s'opposer, dans l'intérêt même de l'Espagne, à leur embarquement, et s'unir aux
amis de la liberté; on leur dit encore qu'on
avait trompé le roi, qui allait enfin établir un
gouvernement constitutionnel. Ces machinations
eurent tout le succès désiré : une grande partie
des troupes se révolta, les officiers, même en
assez grand nombre, partageant les idées de
leurs soldats, suivirent cet exemple, et l'armée
de l'île de Léon salua cette époque comme l'aurore
de la liberté espagnole !

La liberté espagnole! avec quelle facilité abu-
sante des mots on parvient à fasciner les yeux du
peuple ! Tout en prêchant la liberté, le gouvernement des cortès soumettait les Espagnols au
joug le plus pesant; comme en France, où tant

de missionnaires prêchaient l'existence d'un gouvernement libre, lors même qu'il n'était pas permis de sortir de la capitale sans un passeport, les Espagnols, de vraiment libres qu'ils étaient, devinrent de véritables Ilotes. La pensée, sans cesse comprimée par la crainte des persécutions, resta sans énergie comme sans vérité, tant on craignait d'éveiller la susceptibilité de ce sénat devant lequel tout frémissait. La moindre dénomination suffisait pour précipiter dans les cachots le citoyen objet de quelque haine particulière. L'arbitraire avait remplacé la justice, personne n'osait confier à la presse le secret de sa pensée; tous s'interdirent jusqu'à la plainte; c'est ainsi que le despotisme le plus atroce fut établi au nom de la liberté!

Le premier pas des rénovateurs fut de destituer de tous les emplois ceux qui avaient témoigné du dévoûment au roi, ou manifesté des vœux pour le maintien de la tranquillité, comme si ces deux sentimens fussent devenus incompatibles avec l'ordre de chose en vigueur alors. Le but de cette mesure était de donner ces mêmes emplois à des hommes nouveaux, ambitieux, et qui, uniquement poussés par l'intérêt, se trouveraient par là fortement liés au maintien de la constitution. C'est ainsi que, comptant sur leur concours, on marchait à pas tortueux vers la république.... Idée fantastique que la moindre réflexion eût dissipée, s'ils eussent calculé l'insuffisance politique des hommes qui s'étaient chargés du succès de l'entreprise et reconnu combien le peuple espagnol, encore si arriéré, était peu préparé à un état de choses qui contrariait ses idées et effrayait sa croyance.

Le roi, cependant, conçut des craintes réelles lorsqu'il vit que chaque jour on diminuait l'étendue du pouvoir dont il avait été jusqu'alors le régulateur. Nous ne pouvons avoir de meilleurs juges que nous-mêmes ; aussi reconnut-il qu'il n'avait ni assez de mérite, ni assez d'énergie pour retenir l'autorité dont on voulait le priver. En fait, les cortès ne regardaient le roi que comme un mannequin derrière lequel ils agissaient pour donner à leurs décisions un air de légalité.

Ferdinand, effrayé, voulut à son tour renverser la constitution si peu en harmonie avec ses idées de despotisme ; mais n'osant l'attaquer franchement, il fit appeler quelques uns de ses généraux sur lesquels il pouvait compter ; il leur adjoignit les personnes dont le dévoûment à la monarchie lui était bien connu, et leur dit qu'ayant été forcé de signer la charte constitutionnelle, il comptait sur leur fidélité pour la renverser, mais qu'ils eussent à s'abstenir de tout aveu qui pût apprendre qu'ils agissaient d'après ses ordres. C'est ainsi qu'il ordonna, en 1821, les soulèvemens de la Catalogne, de la Navarre, et *qu'en même temps il signait les décrets qui infligeaient la peine de mort contre ceux des révoltés qui seraient pris les armes à la main!!!!*

En conséquence des ordres du roi, les généraux Eguia, Proles, O'Donnell (1) et beaucoup d'autres officiers de distinction partirent pour commander les royalistes, et reçurent du trésor royal les sommes nécessaires à la solde des troupes sous leur commandement. Les royalistes, très-insuffisamment pourvus d'armes et de munitions, combattirent pendant deux ans avec leur ancienne valeur contre des forces bien supérieures en nombre. C'était au cri de *Vive le*

---

(1) Le général O'Donnell partit pour Bayonne. Là, il reçut de Torrijos, commandant des troupes libérales, une lettre dans laquelle celui-ci lui mandait que sa femme et ses trois enfans étaient en son pouvoir, et que, s'il faisait un pas sur le territoire espagnol, ils seraient tous quatre victimes de sa témérité. Le général O'Donnell répondit : qu'il ne connaissait que son devoir, et, qu'à ses yeux, tous sentimens de famille devaient lui être sacrifiés.

Le général O'Donnell entra dans la Navarre, sa femme et ses trois enfans restèrent onze mois dans un cachot.

Roi que ces braves attaquaient les bataillons révoltés contre l'autorité du monarque qui les conduisait à l'échafaud.

Cette guerre, il faut cependant l'avouer, n'était pas sans avantages politiques : elle tenait les cortès en échec et les empêchait d'arriver à leur but, à la république. Car, si la crainte de mécontenter le peuple maintenait ce sénat dans les limites où il s'était placé, sans oser les dépasser, le roi avait aussi moins à craindre pour lui personnellement. Cependant l'émigration continuait; elle devenait considérable, et chaque jour aussi de nouvelles victimes avaient à déplorer la rigueur d'un gouvernement oppresseur.

La constance des royalistes à soutenir aussi long-temps une lutte si inégale, et la marche des libéraux dans les voies révolutionnaires éveillèrent enfin l'attention de l'Europe. Un congrès de souverains se réunit à Vérone, et décida que la France interviendrait en Espagne; qu'une armée passerait les Pyrénées et rendrait au roi Ferdinand le pouvoir absolu qui lui avait été enlevé.

Nous étions alors en 1823, et le 23 d'avril, le duc d'Angoulême franchit les Pyrénées à la tête de cent vingt mille hommes.

Sans livrer une seule bataille, le prince arriva

devant Madrid. Le roi qui, à l'approche des Français, s'était sauvé de cette capitale, traînant après lui les autorités constitutionnelles, s'était réfugié à Séville, où les cortès le détrônèrent et l'envoyèrent à Cadix.

Le gouvernement constitutionnel, d'après les notes remises au congrès de Vérone par le ministre San Miguel, tout en reconnaissant la position dans laquelle allait les placer l'invasion française, et malgré la connaissance qu'il avait de l'opinion publique en Espagne, opinion qu'il savait lui être défavorable, parut jeter le gant à l'Europe, et déclara que l'armée, assez téméraire pour fouler le sol espagnol, y trouverait son tombeau.... Les Français parurent malgré ces bravades ; les royalistes espagnols s'unirent à eux, et à leur approche les constitutionnels, sans faire la moindre résistance, ne s'occupèrent plus que de leur salut. Ainsi refoulés jusqu'à Cadix, ils se rendirent enfin à discrétion.

Le fameux Riégo, appelé le héros de *Las Cabezas*, se laissa faire prisonnier avec tous les siens par des paysans (1), et ce, sans leur opposer la moindre résistance. Il fallait qu'il eût bien

______

(1) Riégo fut pris par un gardeur de cochons (porquero), assisté de trois ou quatre paysans.

apprécié la situation critique dans laquelle se trouvaient les constitutionnels pour déposer les armes devant de pareils adversaires ; car il n'ignorait pas que l'échafaud l'attendait comme étant le principal auteur de la révolte de l'île de Léon. Vallesteros, à la tête de dix mille hommes, capitula sans tirer un seul coup de fusil ; Morillo imita son exemple, et l'armée des cortès disparut alors entièrement ; cependant, à l'entrée des Français, l'armée espagnole comptait dans ses rangs plus de cent mille hommes de troupes de ligne. Quelle fut la cause de cette défection inexplicable ? Doit-on l'attribuer à un manque de courage, à la lâcheté des chefs, à celle des soldats ? Les Espagnols cependant se sont toujours rendus redoutables à leurs ennemis, et l'Europe les admet au rang de ses nations guerrières...... Mais, hâtons-nous de le dire, l'opinion révoltionnaire n'eut jamais de sympathie en Espagne. L'armée française s'avançait contre elle, c'est pourquoi l'on vit des femmes ouvrir leurs bras aux troupes d'une nation que leurs pères, leurs frères, leurs époux, leurs fils, avaient combattues si long-temps avec succès, et les accueillir comme des libérateurs, des amis, des frères auxquels elles étaient fières de voir confier le sort de l'Espagne.

Amour de la patrie, quelle est donc ton influence? Les Français, les Espagnols avaient oublié leur haine, et cependant huit années s'étaient à peine écoulées depuis ces scènes de carnage qui arrosèrent de tant de sang français le sol de la Peninsule; sang précieux! qui féconda le patriotisme des Espagnols! Il est donc vrai que la valeur et le courage sont l'ame de leur existence.

Si le peuple eût été, comme s'efforçaient de le prouver les déclamations libérales, attaché à la constitution, l'armée du duc d'Angoulême eût-elle traversé l'Espagne, parcouru ces campagnes, théâtre des épisodes sanglans de la guerre de 1808 à 1814, sans presque faire usage de ses armes? Répondez, immortelles armées de l'empire, était-ce ainsi, était-ce avec cette confiance, avec cette sécurité que vos aigles, partout victorieuses, essayèrent l'effet de leurs ailes sur cette Espagne que l'incertitude de votre essor ne put jamais dominer?

Le gouvernement constitutionnel renversé, il était permis de regarder le triomphe des royalistes comme certain, et de croire la sécurité du trône inébranlablement assurée sur des bases nouvelles. C'est aussi ce qui fût arrivé si le roi, qui avait ordonné à ses fidèles sujets de prendre les armes, ne se fût pas ensuite déclaré contre eux du moment qu'il vit tomber ses fers et qu'il put s'échapper des serres de la révolution. Leçon sans expérience pour lui, puisqu'elle n'eut pas assez d'empire sur sa conviction pour soustraire à de nouvelles rigueurs les amis de la monarchie, qu'il ne cessa de considérer comme des instrumens dont il s'était servi pour reprendre sa couronne.

Les constitutionnels ne perdirent cependant pas courage : ils travaillèrent sourdement à l'exécution de leurs projets, et, profitant avec succès de la flexibilité du roi, ils le circonvinrent de telle manière, ils firent jouer avec tant de finesse les ressorts de la plus astucieuse perfidie que, chaque jour, ils se rapprochèrent davantage du but qu'ils s'étaient proposé.

Au commencement de la restauration, les constitutionnels n'osèrent cependant pas marcher à découvert, c'est-à-dire combattre franchement l'opinion qu'ils savaient leur être défavorable ; mais, de dissimulation en dissimulation, ils obtinrent du roi, d'abord la nomination aux emplois publics de quelques personnes dont les principes politiques étaient fort douteux. Puis, ce premier succès obtenu, ils désignèrent à Ferdinand des ministres qu'il accueillit. Enfin ils flattèrent les généraux et officiers supérieurs dont le dévoûment à la monarchie pouvait paraître équivoque et qui, faciles à séduire par l'appât de l'argent et n'ayant pas figuré parmi les hommes dévoués à la royauté, pouvaient offrir des garanties à la révolution. C'est ainsi qu'ils tissèrent le filet dans lequel ils devaient enlacer un jour les royalistes.

Le roi, sans énergie, subjugué par sa versatilité ordinaire et déplorable, laissait aller les choses; il régnait au jour le jour, sans jamais jeter des regards sur le passé, ni chercher à interroger l'avenir.

Cependant il nomma le duc de l'Infantado, qui était tout dévoué à la monarchie, général en chef de la garde royale, infanterie et cavalerie; mais ce fut pour bien peu de temps, et le prétexte donné à sa disgrâce fut que ses opinions étaient trop royalistes; les généraux San Brano et Fournas le remplacèrent : celui-ci eut le commandement de l'infanterie, et l'autre fut mis à la tête de la cavalerie.

Comme une garde royale composée d'hommes tout dévoués au roi eût été une barrière trop puissante contre les envahissemens de la révolution, on n'en éloigna pas, il est vrai, tous les officiers connus pour professer le royalisme le plus pur, mais on ne les y admit qu'avec les plus grandes précautions et après les calculs les plus exacts, afin de minorer leur nombre. Puis on les dissémina dans plusieurs corps, de manière à détruire l'influence qu'ils auraient pu exercer; ce qui, d'ailleurs, serait incontestablement arrivé s'ils eussent été plus nombreux dans les régimens.

Pour remplacer les vacances survenues dans la garde, on fit entrer des individus étrangers au service, et auxquels on délivra des brevets d'officiers qu'ils paraissaient étonnés de recevoir, ou bien on tirait des corps de l'armée les hommes dont l'opinion était chancelante, ou qui avaient marqué par leur libéralisme. En même temps que toutes ces précautions étaient prises, on mettait à la retraite les officiers qui avaient servi la cause du roi dans les armées de Catalogne et de Navarre. Enfin, de cette manière, on ne laissa dans la garde que le nombre nécessaire de royalistes pour ne pas trop froisser l'opinion publique.

Les choses étaient arrivées à un tel point de machiavélisme et de persécution, qu'il fut défendu aux officiers de manifester leur opinion; si elle n'était pas libérale, et si quelques réflexions froissaient les anciennes cortès, si elles attaquaient les libéraux, on mandait alors chez le chef ceux qui s'étaient rendus coupables de ce fait, et là, ils étaient vertement réprimandés. Moi-même, en 1824, je fus appelé chez le général Zambrano, qui m'ordonna d'être plus circonspect dans l'expression de mon opinion en faveur du roi, et il finit par me menacer d'emon renvoi de la garde si je persévérais dans des principes beaucoup trop royalistes. Enfin, l'impudeur fut poussée jusqu'à donner les grades supérieurs de la garde à des hommes qui s'étaient battus contre la cause du roi.

Comme je l'ai déjà dit, le roi voyait avec indifférence la marche des cortès, et quoique souvent des sujets dévoués eussent regardé comme un devoir de l'avertir des dangers auxquels il exposait la monarchie et tous ceux qui lui étaient restés fidèles, il n'en continua pas moins à s'entourer des personnes qui étaient bien loin de satisfaire l'opinion publique. Voici un trait qui suffirait seul pour donner une idée exacte de l'homme auquel les destinées de l'Espagne étaient confiées.

Un jour que, placé sur l'un des balcons de son palais, il regardait défiler quelques bataillons de volontaires royalistes, l'une des personnes de sa suite fit remarquer que cette troupe avait quelque chose de plus martial que les fédérés de la constitution : *Ce sont les mêmes chiens*, répliqua le roi, *mais avec des colliers différens*. C'est ainsi que Ferdinand, par cette singulière manière de reconnaître le dévoûment, se le fût infailliblement aliéné s'il eût été moins vrai, tant la vérité est indestructible. C'est encore ainsi qu'il déversait le ridicule sur les hommes les plus dévoués à sa personne, et cependant jamais il ne voulut consentir au licenciement de ces volontaires, parce qu'il était certain que jamais non plus ils ne tourneraient leurs armes contre lui. Les libéraux redoutaient les volontaires royaux; ils les regardaient comme bien plus dangereux pour eux que la troupe de ligne qu'ils espéraient s'attacher. Le roi, sans protéger aucun parti, conservait une force à opposer aux efforts de la révolution, tandis qu'il confiait les emplois de sa garde aux ennemis de son trône, et préparait l'Espagne à des scènes de carnage que plus de précaution eût rendues impossibles ou au moins éloignées pour long-temps : aussi frappait-il indistinctement sur les uns et sur les autres, et de telle manière que chacun était fort embarrassé de savoir comment il fallait se conduire pour éviter les coups d'autorité de Ferdinand.

Ici je dois parler de quelques hommes qui ont paru sur la scène politique.

San Juan, homme dévoué à la monarchie, avait été nommé ministre de la guerre. Pas plus heureux que ne l'avait été le duc de l'Infantado, auquel le roi, comme nous l'avons vu, retira le commandement de la garde royale qu'il lui avait confié peu de temps auparavant, San Juan conserva peu son portefeuille, dont hérita le général Cruz.

Cruz était connu pour professer des opinions constitutionnelles ; peu instruit, on ne le regardait cependant pas comme étant entièrement privé de talens ; doué de beaucoup de finesse, il excellait surtout à conduire une intrigue, ce qui paraissait justifier l'énorme avancement de ce ministre qui, de simple soldat, parvint au grade de général, puis au ministère de la guerre.

Tous les efforts de Cruz furent dirigés vers l'établissement d'un gouvernement représentatif. Cependant, malgré sa finesse ordinaire, la conspiration fut découverte. Cruz fut arrêté ; il allait être traduit devant un conseil de guerre qui l'eût infailliblement condamné à la peine capitale, lorsque le roi se fit apporter les pièces du procès, les retint et les garda avec le plus grand soin ; dès-lors toute procédure étant impossible, ce général fut mis en liberté; S. M. lui permit même de voyager en pays étrangers, et pour lui procurer les moyens de le faire le plus agréablement possible, elle continua à cet heureux conspirateur sa solde entière, qui était assez considérable.

Cette conduite de Ferdinand paraît encore inexplicable à beaucoup de monde. Comment concevoir en effet qu'un ministre, après avoir conspiré contre l'autorité du trône, soit absous par le roi, quand la raison d'état, la juste répression du crime de haute trahison, la sûreté du pays et la tranquillité publique demandaient impérieusement la condamnation du coupable.

Le bruit est assez généralement répandu que Ferdinand ne fit grace au général Cruz que pour ne pas trop mécontenter les constitutionnels. Je suis loin de partager cette opinion, et je crois plus rationnel d'attribuer cette singulière indulgence du roi uniquement à la versatilité de son caractère, versatilité qui se manifestait surtout dans les occasions importantes.

Les constitutionnels regardèrent, ou plutôt feignirent de regarder, comme un triomphe l'absolution de Cruz, tant il y a qu'ils surent en profiter.

Cependant si le roi eût bien apprécié la situation des choses, il aurait vu que le projet de Cruz, celui d'établir un gouvernement représentatif, était également hostile et aux royalistes et aux libéraux, puisque ceux-ci, partisans zélés de la république, n'avaient en vue que son établissement; d'ailleurs la détermination des cortès à Séville, sa déchéance, puis enfin son renvoi à Cadix, après l'avoir dépouillé de son autorité, ne devaient laisser aucun doute dans son esprit.

Zéa, ministre de l'intérieur, soupçonné d'avoir partagé les idées de Cruz, son ami, reçut son *exeat*; mais leurs créatures conservèrent la majeure partie des emplois civils et militaires qu'ils avaient obtenus; ainsi la mesure qui atteignait ces deux ministres était évidemment incomplète. Ce fut alors un grand pas que faisait la révolution. Les employés s'y réunirent, et plus tard il ne fut plus douteux pour personne que Cruz et Zéa n'eussent fortement contribué aux événemens de 1834.

Le ministère allait encore être changé : quelques intrigues de camarilla ayant démontré au roi la nécessité de cette mesure, il y consentit, et pour lui éviter l'embarras du choix, ce fut son favori, don Antonio Ugarte, qui lui présenta les noms des quatre nouveaux secrétaires d'état.

Calomarde fut ministre de grace et de justice; *Salmon* reçut le portefeuille de l'intérieur; *Vallesteros* eut celui des finances, et *Zambrano* passa au ministère de la guerre. Sans doute on est surpris de l'immense ascendant que devait exercer sur la volonté du roi celui qui à son gré faisait et défaisait les ministères; mais ce qui doit étonner davantage, c'est de voir ce favori victime à son tour d'un nouvel intrigant, et tomber entièrement dans la plus grande disgrace du roi, et ce au moment où S. M. venait d'accueillir ses idées et approuver la composition de tout un ministère. Je regretterais de ne pas entrer dans quelques détails sur un sujet qui sert à corroborer ce que j'ai déjà dit de la conduite administrative du roi, ainsi que de son caractère.

Don Ugarte fut nommé ambassadeur à Turin ou plutôt il fut renvoyé de la cour, et le roi lui ayant ensuite retiré son ambassade et défendu de reparaître, ce ne fut que long-temps après, et sur les instances itératives de cet ancien favori, qu'il lui permit de revenir à Madrid, mais *il mourut en route........*

CHAPITRE III.

Les ministres connaissant l'instabilité des décisions royales, combien peu ils étaient assurés de conserver leurs portefeuilles, formèrent contre le roi une alliance défensive (offensive même si le cas l'exigeait); ce qui contribua à les faire rester quelque temps en fonction. Ce ministre ne fit rien pour le peuple. Vallesteros fut le seul qui voulut paraître donner des soins au bien-être général, en faisant payer les pensions et soldes de retraites à ceux qui les avaient obtenues, et qui depuis long-temps étaient privés de cette ressource.

Salmon n'avait aucune des qualités exigées chez un ministre ; il était tellement nul, et Ferdinand connaissait si bien son incapacité, que les affaires de son département étaient traitées sans qu'il y prît la moindre part. Le roi et Ugarte prononçaient seuls.

Zambrano était trop connu de l'armée par sa lâcheté dans la guerre de la Péninsule, comme aussi par sa nullité, et son incapacité même à la tête d'un régiment, pour qu'on pût jamais espérer de lui, comme ministre de la guerre, une seule des nombreuses améliorations que demandait l'organisation de l'armée.

Calomarde, je n'hésite pas à le reconnaître, a été engendré, fait et procréé tout exprès pour être ministre de Ferdinand ; jamais deux hommes ne se convinrent mieux : Calomarde était le jouet du roi qui s'en amusait comme l'on fait de son singe, et ce, sans que S. E. trouvât jamais que les gaîtés de S. M. fussent trop manifestes, sans autre volonté que celle du monarque, qui à son tour n'en avait pas; rien ne se faisait au ministère de grace et de justice, et l'on eût dit que les affaires y étaient suspendues et les employés en vacances. Tout cela n'eût été que plaisant si la docilité de Calomarde se fût bornée à supporter les mystifications du roi; mais dès qu'il en vint aux demandes d'argent, cela devint plus sérieux, plus immoral; l'Espagne devait en souffrir, et en cela, Calomarde a fait beaucoup de mal à son pays.

En face de tels adversaires, les libéraux ne pouvaient que marcher avec plus d'assurance vers leur but : aussi s'en approchèrent-ils chaque jour davantage.

Les royalistes, reconnaissant le précipice vers lequel s'avançait si imprudemment la royauté, cherchèrent à éviter le mal; les provinces, en protestant de leur dévoûment au roi, lui firent des représentations respectueuses, et cherchèrent à le convaincre de l'infidélité de ses ministres : Ferdinand ne fit aucun cas de ces plaintes, pas plus que de toutes celles qui lui furent adressées. Le peuple, mécontent de l'indifférence du roi, en appela à la force des armes : il se souleva contre les ministres, demandant leur expulsion de la manière la moins équivoque;

tant il est vrai que l'injustice produit l'indépendance!!

Nous étions alors en 1827. La révolte éclata
d'abord dans la Catalogne, où elle acquit plus
de gravité; ce fut à tel point que, craignant que
le soulèvement ne gagnât la totalité du royaume,
on conseilla au roi de partir pour le théâtre de
l'insurrection, ce qu'il fit en effet. Avant d'arriver à Barcelonne, il rencontra, dans un défilé,
une troupe de dix mille Catalans bien armés et
commandés par le colonel Vidal qui, en approchant du roi, se mit à genoux et protesta de son
dévoûment à sa personne, ajoutant « que le vœu
« du peuple ne se manifestait qu'en raison du
« refus que S. M. paraissait avoir fait d'accueil-
« lir ses représentations, dont le but était de lui
« demander l'expulsion de ses ministres, de ces
« conseillers perfides dont la trahison était cer-
« taine; mais qu'enfin, puisque S. M. voulait
« qu'ils déposassent les armes, ils étaient prêts
« à le faire, qu'il n'avait qu'à ordonner. »

Le roi donna l'ordre à Vidal de congédier sa
troupe, et sa parole d'honneur qu'il lui pardon-
nerait sans arrière-pensée, ainsi qu'à tous ceux
qui l'avaient suivi.

D'après cette assurance, Vidal se retira et
chacun rentra chez soi, confiant en la parole du

roi et croyant n'avoir rien à redouter sous cette garantie.

Cependant Ferdinand ne fut pas plus tôt arrivé à Barcelonne, qu'il fit appeler le comte d'Espagne, capitaine général, et lui donna l'ordre de faire arrêter *Vidal,* ainsi que tous les chefs de la révolte, et de les faire *décapiter.* Le colonel *Vidal était à jouer au billard quand on l'arrêta. Traîné dans la chapelle de la citadelle, il fut pendu le lendemain ainsi que beaucoup d'autres.* On annonça leur martyre au peuple par un coup de canon tiré de cette forteresse, et un drapeau noir hissé sur le rempart. Le comte d'*Espagne* déploya dans les troubles de la Catalogne une cruauté sans exemple !!!

Ce fut vers cette époque que les libéraux réfugiés en France et en Angleterre conçurent le projet de pénétrer en Espagne pour y rétablir la constitution. *Torrijos,* sous la protection des Anglais, débarqua en Andalousie, tandis que Mina, avec l'aide de la France, se jeta imprudemment dans la Navarre. Ces deux expéditions, au nord et au sud de l'Espagne, ne furent pas plus heureuses l'une que l'autre; elles eurent le même résultat. Le peuple de ces provinces, qui avait encore devant les yeux les scènes de 1820, et qui connaissait tout ce qu'on devait attendre des nouvelles doctrines, et le ridicule de ces idées fantastiques de liberté et de bonheur que lui apportaient ces nouveaux venus, se leva en masse contre ces deux partisans, et les défit complètement : Torrijos paya de sa tête la témérité de son entreprise, et Mina ne dut la vie qu'à l'un de ces hasards ou plutôt à l'une de ces combinaisons de la destinée humaine qui, il y a dix siècles, eût été regardée comme l'expression d'une volonté divine.

La double tentative des généraux Torrijos et Mina ayant été dissipée comme le vent du désert chasse devant lui les sables mouvans de sa surface mobile, et Torrijos, tombé victime de sa témérité, Mina, seul et privé du concours des siens, essaya de rentrer en France : c'était pour lui le port de salut. Malgré des efforts soutenus, mille tentatives infructueuses, et toujours serré de près, il ne put parvenir à ses fins ; perdant alors l'espoir de franchir cette fatale autant que fortunée délimitation des deux royaumes, il fut forcé de se cacher... Un enfoncement formé par la nature dans l'un de ces mille rochers qu'elle semble avoir voilés à dessein derrière une végétation protectrice, parut lui offrir un abri contre la mort ;... il s'y enfonça, laissant à sa destinée les conséquences de sa détermination.

Les Espagnols, de leur côté, ayant échoué dans les recherches qu'ils avaient faites et qu'ils continuaient cependant avec persevérance contre Mina, auquel ils réservaient le sort de Torrijos, ne renoncèrent cependant pas à l'espoir de découvrir Mina, quoiqu'il fût devenu invisible, introuvable. On était presque sûr qu'il n'avait pas passé la frontière; enfin, après la surveillance la plus minutieuse, certains qu'il était encore sur le sol de l'Espagne et qu'il n'avait pu gagner les terres de la France, les Espagnols, imitant en cela l'un des épisodes de la guerre du Pérou, mirent à sa poursuite des chiens, comme les lieutenans de Philippe les avaient jadis lancés sur la trace des descendans des Incas.

Les chiens relevèrent bientôt les traces de Mina... Ils partent, ils approchent, ils arrivent, Mina est là... Un sentiment de bonhenr, de joie, s'empare des Espagnols. Ils vont le saisir... Mais quelle divinité veillait sur les jours de cet homme! au moment où les chiens éventaient sa retraite, où vingt pas seulement les séparaient de leur proie, deux chevreuils effrayés s'élancent d'un buisson... Les chiens, fidèles à leur instinct naturel, et délaissant, oubliant les intérêts de la patrie, qu'il ne leur était pas donné d'appré-

cier, abandonnèrent la piste de Mina pour suivre celle des deux chevreuils.

Les Espagnols, trompés par l'apparence, piége
auquel les hommes se laissent si facilement
prendre, abandonnèrent leur entreprise, en
disant en toute confiance : « Mina nous a trom-
« pés,... il n'est pas venu de ce côté! l'ardeur de
« nos limiers n'était excitée que par la présence
« de ces deux chevreuils; non, Mina n'y était
« pour rien... » Ce fut ainsi qu'il put regagner
la France après le départ de ses ennemis, qu'il
entendait et qu'il voyait même. Je reprends mon
récit.

Le parti révolutionnaire avait reconnu, dès
1814, que l'infant don Carlos, doué d'un caractère ferme et réfléchi, serait un obstacle constant
à ses projets; qu'il les combattrait même avec
cette ardeur que peut seule inspirer la conviction. Les libéraux, craignant que les conseils de
l'infant ne prévalussent sur les leurs auprès du
roi son frère, dirigèrent leurs premières attaques contre don Carlos. Ils péparèrent alors, avec
art, une intrigue, à l'aide de laquelle ils persuadèrent sans beaucoup de peine à Ferdinand
que le projet de son frère était de le détrôner,
thème bannal autant que ridicule, et que dans
l'ombre il travaillait à l'exécution de ce projet.

Le roi, confiant et toujours, disposé à accueillir favorablement tous les bruits de ce genre, tant il craignait que le pouvoir royal n'échappât de ses mains débiles, ne sévit pas, il est vrai, contre son frère, ce qu'espéraient les libéraux, mais il lui refusa l'amitié, la confiance que jusqu'à ce jour il lui avait témoignées, et finit enfin par ne plus l'écouter, lors même qu'il lui donnait les conseils les plus utiles à la conservation de son trône. D'un autre côté, Ferdinand se montrait d'autant plus empressé à écouter et à ajouter foi à ces déclamations calomnieuses, qu'il connaissait et voyait avec la plus grande jalousie l'affection du peuple pour don Carlos, héritier direct du trône des Espagnes.

Ferdinand était sans enfans, aucun doute ne pouvait exister quant à la légitimité des droits de son frère; les libéraux le reconnaissaient sans peine, et cependant ils voulurent éloigner, empêcher même son avénement au trône. Ils firent des efforts d'autant plus grands, que c'était donner une nouvelle impulsion au char de la révolution, que la présence de don Carlos rendait stationnaire. On commença par déverser le ridicule sur la reine Marie-Amélie. Sa stérilité fut le thème constant des ennemis de la monarchie; puis, sous le prétexte de féconder son sein et dans le but,

disait-on, de lui faire donner un prince à l'Espagne, on lui administra des médicamens, et
bientôt.... *elle mourut*!!

Etendons un voile sur cette scène de deuil qui
priva l'Espagne et le roi d'une fidèle amie dont
les conseils furent toujours dictés par l'amour
du bien public.

Les cendres de l'infortunée Marie-Amélie
n'étaient point encore refroidies, lorsqu'un
courrier partit pour Naples demander la main
de Marie-Christine. Le choix de cette princesse
fut, de la part des libéraux, une conséquence de
la fixité du méthodisme de leur conduite, car
ils connaissaient tout ce qu'ils devaient attendre
du caractère de Christine qui, déjà, lors de la
révolution de Naples, avait donné des gages aux
nouvelles doctrines.

L'infant don Carlos savait tout ce qu'on tra-
mait; mais, se reposant sur la connaissance que
le roi son frère devait avoir de la loyauté de
son caractère, il affecta de ne jamais chercher à
dissiper ses craintes. Cependant, pour ne laisser
aucun doute à Ferdinand sur ses intentions, il
vécut dans l'éloignement le plus absolu des affaires; il diminua sa cour et jusqu'au nombre
des personnnes que jusqu'alors il avait reçues
avec tant de plaisir et de bonté. Il fit enfin tout

ce qu'il fallait pour dissiper la jalousie du roi...
Tant de prévoyance fut sans succès!.... cela se
conçoit.

Le parti de don Carlos grossissant au fur et à
mesure des envahissemens de l'esprit révolutionnaire et des fautes de Ferdinand, on avisa aux
moyens de dépopulariser l'héritier du trône. On
le peignit, dans des déclamations furibondes,
comme un fanatique religieux, exagération que
l'esprit de parti pouvait seul inspirer. Ce prince
ne fut, sous le rapport de la religion, que ce que
tout homme doit être ; sa foi sincère et profonde
n'a jamais dépassé les limites de la raison, et,
véritablement croyant, il ne réclama que le titre
d'homme de bien. Moi qui l'ai connu, suivi et
parfaitement apprécié, j'ai plus d'un motif pour
le juger ainsi ; fidèle à ses principes, jamais don
Carlos n'a promis en vain, tant il diffère en
cela de son frère, avec lequel, d'ailleurs, il n'a
aucun rapport.

Si on s'est appesanti sur les principes religieux
de don Carlos, c'est uniquement parce que sa
conduite ne pouvait prêter en aucune manière
aux réflexions des ennemis de la royauté, qui,
comme nous ne cessons de le répéter, avaient
un intérêt puissant à dépopulariser le prince
auquel les destinées de l'Espagne devaient être

confiées. En effet, que pouvait-on condamner en lui ? Sous le rapport des talens, du savoir administratif, personne n'était à même de porter un jugement qui fût basé sur des preuves, puisque jamais il n'avait été appelé à les exercer. Quant à son ambition, nous pourrions, nous, royalistes, lui reprocher de n'en avoir jamais eue ; et si, lorsque presque tout le peuple entier lui présenta la couronne, en insistant pour qu'il la posât sur sa tête, comme un moyen assuré de préserver l'Espagne des horreurs de l'anarchie vers laquelle la maladie du roi la précipitait ; s'il eût accédé aux vœux du peuple, l'Espagne n'aurait point à verser de nouvelles larmes ; mais il déclara *que son frère vivant, il ne ferait rien pour exercer un pouvoir qui dès-lors ne lui appartenait pas.*

Pourrait-on lui reprocher de manquer de courage ? Un seul exemple suffira pour pulvériser ce qui ne serait qu'un nouvel outrage ; lorsque, le 7 de juillet 1822, il réclama de son frère l'honneur de commander la garde compromise dans les rues de Madrid, il fit plus que de manifester du courage.... il fit preuve de désintéressement et de bravoure.

Les offres du roi, relativement au choix de la princesse de Naples, ayant été accueillies par cette cour, il épousa Marie-Christine de Bourbon, en novembre 1829.

Les Espagnols accueillirent avec peu de confiance les espérances qu'on fondait sur ce nouvel hymen : la conduite de Marie-Christine, lors des événemens de Naples, le soin de ses plaisirs particuliers.... tout cela était loin de relever le courage des Espagnols, qui cherchèrent en vain à découvrir en elle cette sagesse de conduite... cette réserve... qu'il eût fallu qu'elle déployât pour assurer le bonheur de la nation. Cependant chacun en particulier, et le peuple en masse, était persuadé qu'au moins ici la couche royale ne resterait pas stérile, et que le roi aurait l'espoir d'avoir un héritier direct... Mais n'anticipons point sur les faits ni sur la marche des événemens. Nous verrons quelle fut la conduite de Christine lorsque, devenue veuve, elle fut encore libre et comment elle profita de sa liberté.

Comme personne n'en doutait en Espagne, la reine devint enceinte peu de temps après son mariage. La joie des ennemis de don Carlos fut grande ; mais comme cependant rien ne leur garantissait la naissance d'un fils, qui seul pouvait enlever à don Carlos la légitime possession de ses droits au trône, ils conseillèrent au roi une mesure qui, au mépris de toutes les lois de la monarchie, tendait à déclarer que quelque pût être le sexe de l'enfant dont la reine devait accoucher, il hériterait des droits royaux de son père avant l'infant don Carlos. Les libéraux alors renouvelèrent auprès de S. M. leurs déclamations mensongères contre son frère, si ambitieux, disaient-ils, du pouvoir royal. La froideur de Ferdinand pour don Carlos une fois élevée au diapason de la haine, on profita du moment pour lui présenter à signer un décret qui abrogeait les dispositions de la loi salique en tout ce qu'elle pouvait avoir de direct à l'exclusion des femmes de la succession à la couronne. Ce fut encore un favori, Grijalba, qui, gagné par le parti révolutionnaire, parvint à persuader à Ferdinand VII qu'il devait sanctionner cette abrogation. C'est ainsi que l'abolition de la loi salique fut décretée, signée par le roi, et publiée avec le plus grand soin.

Cependant cette abrogation de l'une des lois fondamentales de la monarchie espagnole manquait de légalité ; pour qu'elle fût exécutable, il eût fallu que les *cortès por estamentos* l'eussent sanctionnée : c'est ce qu'elles ne firent pas, n'ayant point été consultées. Ainsi la seule volonté du monarque n'étant pas suffisante pour exclure l'infant don Carlos de ses droits au trône, il les conservait toujours malgré la décision du roi... Toute l'Espagne était unanime à cet égard.

Il y a mieux : don Carlos était né sous la garantie de cette loi salique ; ses droits au trône se trouvaient maintenus par cela même que la décision du roi, en admettant encore qu'elle fût légale, ne pouvait avoir un effet rétroactif. Le second point obtint également la sanction de tous les Espagnols.

D'un autre côté, les partisans de cette abrogation de la loi salique savaient très-bien aussi que la sanction des cortès *por estamentos* était indispensablement nécessaire ; mais certains que si ces cortès étaient réunies, elles auraient à l'unanimité proclamé don Carlos légitime héritier du trône d'Espagne, on se garda bien de les convoquer.

Que firent alors les révolutionnaires ? ils se contentèrent de soutenir la légalité de la loi qui excluait don Carlos du trône, puis ils attendirent le dénoûment.

Beaucoup de personnes attachées à l'infant don Carlos lui conseillèrent de réclamer contre cette usurpation de ses droits. Il répondit, comme il l'avait déjà fait, que, du vivant du roi son frère, dont il était le sujet, il ne lui ferait rien qui pût avoir un air d'opposition, mais qu'il se réservait de protester ostensiblement, lorsqu'il serait question de passer à l'exécution de la nouvelle loi.

La reine accoucha d'une fille ; et tandis que les véritables amis de leur pays restèrent indifférens sur ses suites, les libéraux, au comble de la joie d'un événement qui leur ouvrait une nouvelle voie pour arriver à leur but, songèrent à l'établissement d'une régence pour laquelle ils désignèrent la reine, personnage sans talens, et qu'ils étaient certains de diriger à leur gré, ce qui est effectivement arrivé. Dès que la reine eut un enfant, les libéraux ne regardèrent plus le roi que comme l'ombre de la royauté dont ils concentrèrent toute la puissance en la personne de cet enfant sous la régence de sa mère.

Cette vérité une fois établie doit servir à expliquer ce qui pourrait par la suite paraître équivoque.

La reine accoucha d'une seconde fille : cette naissance était une garantie de plus à l'établissement d'une régence. A cette époque aussi, la santé du roi faiblit d'une manière sensible. Le dépérissement était-il naturel ? fut-il provoqué ?... Je n'ose percer ce mystère, et je répugne à mentionner les opinions généralement émises alors. L'orage grondait... il approchait... Les vrais Espagnols, émus par l'idée des maux auxquels l'Espagne allait être exposée si le roi succombait à sa maladie, tournaient leurs regards supplians vers l'infant don Carlos, qui, comme la colombe après le déluge, pouvait seul leur apporter le rameau de la paix.

Le roi eut plusieurs accès dits de goutte. Celui qu'il éprouva entre autres à Saint-Ildefonse (la Granja) en 1832, le 14 septembre, mérite une mention particulière en raison de l'influence qu'il eut sur les événemens.... Cette attaque fut tellement grave, que le roi parut long-temps avoir cessé de vivre. Les médecins même le crurent mort et le déclarèrent. La nouvelle s'en répandit avec la rapidité de l'éclair, de Madrid, où elle arriva d'abord, aux extrémités des provinces les plus éloignées. Cependant, malgré toutes les probabilités et les prévisions des médecins, il survécut à cette attaque, et graduellement il recouvrit, quoique d'une manière lente et difficile, non la santé, mais une existence incertaine, que les praticiens ne considérèrent que comme un intermède de la mort, mais qui satisfit les libéraux.

La nouvelle de la mort du roi produisit sur les Espagnols un effet difficile à décrire. Elle dévoila tout ce que l'opinion royaliste conservait d'énergie et de puissance. La noblesse, le clergé, les magistrats, les troupes, le peuple, vinrent de tous côtés offrir à don Carlos l'expression de leur dévoûment, ainsi que leurs fortunes et leurs bras pour l'aider à s'asseoir sur le trône. Parmi ces personnes si empressées, se trouvaient des partisans de Christine, entre autres *Puño en-rostro*, le général *Freyre*, et bien d'autres, devenus ensuite les ennemis de ce prince. Tous lui dirent : « Acceptez, acceptez, sire, *la nation* « *le veut;* jamais elle ne consentira à subir le « joug d'une femme, qui d'ailleurs est si loin « d'offrir des garanties suffisantes à l'Espagne. « Acceptez, car la révolution aura fui le sol for- « tuné de la patrie dès que vous aurez saisi les « rênes de l'état. »

Le ministre, comte de Alcudia, au nom de sa majesté, fut trouver l'infant don Carlos pour lui proposer la régence pendant la minorité de la jeune Isabelle ii. Don Carlos l'écouta avec son calme ordinaire : puis il lui dit : « Accepter la « régence m'est impossible ; ce serait mécon- « naître mes droits, et mon devoir est de les faire « valoir. » Le ministre répondit alors au prince : « En ce cas, votre Altesse Royale sera la cause « de bien du sang de répandu... » Cette réflexion impudente autant que ridicule ayant inspiré à l'infant un sentiment de pitié, il dit à Alcudia, en lui tournant le dos : « Ce n'est pas moi qui « veut répandre le sang espagnol... c'est vous! » Et il disparut, laissant le comte stupéfait; après quoi, il donna l'ordre de ne jamais le laisser parvenir jusqu'à lui.

Ce trait de caractère, cette fermeté, unis au vœu du peuple, effraya les ministres; ils se consultèrent : nous allons voir quelle fut leur résolution.

Le favori du roi, *Grijalba*, et tous les ministres qui avaient si puissamment contribué à l'abolition de la loi salique, frémirent pour eux-mêmes en voyant les démonstrations du peuplĕ et de toute l'Espagne en faveur de don Carlos, de celui contre lequel ils n'avaient cessé de travailler dans l'intérêt de la révolution. Ils changèrent alors de conduite; et loin de combattre l'opinion générale, ils se rallièrent à la volonté nationale si énergiquement exprimée.

Pour opérer ce changement, mais de manière à se conserver les moyens de reprendre leur projet, dont l'exécution n'allait être que suspendue, ils proposèrent au roi, qui, comme je l'ai dit, était dans un état de santé peu certain, de rétablir la loi salique dans toute sa vigueur. Cette résolution ne leur avait été inspirée que

par l'égoïsme et la lâcheté la plus insigne ; elle
était parfaitement d'accord avec l'esprit du traité
d'alliance offensive et défensive formée par les
ministres entre eux, et dont j'ai déjà parlé. Il
était, en outre, pour eux le palladium de leur
existence, puisqu'il fallait changer d'allure ou
s'attendre à la mort que le peuple n'eût pas manqué de leur donner.

Le ministre *Calomarde*, qui avait eu la plus
grande part à l'abolition de la loi salique, fut le
premier aussi qui s'approcha de Ferdinand, dans
le but de lui apprendre *quels étaient les fâcheux
résultats de la détermination qu'il avait prise en
faveur de sa fille : il ajouta que la guerre civile
était inévitable s'il ne rendait pas le trône à son
frère, à son véritable héritier, à l'infant don
Carlos, et qu'enfin il venait l'engager à rétablir
les choses dans leur état primitif; il ajouta que
le roi et son auguste épouse devaient être bien con-
vaincus que, lorsque les ministres lui proposaient
de prendre une semblable résolution, ils ne le faisaient qu'après le plus mûr examen, et d'être
assurés qu'il n'y avait aucun moyen d'empêcher
l'avénement de don Carlos au trône des Espagnes....* Que faisaient alors les royalistes !

La reine, qui par ses nombreux espions avait
été bien instruite, n'ignorait pas que sa propre

vie était en danger si elle cherchait à contrarier le vœu du peuple : Marie-Christine ne fit donc aucune objection, et consentit à céder les droits de sa fille au trône de son père. Ce fut alors qu'elle dit à Calomarde, toujours en présence du roi : « *Que puisque la nation espagnole re-* « *fusait la royauté de sa fille, elle préférait* « *son éloignement du trône à l'idée d'une guerre* « *intestine, tant son cœur avait horreur du* « *sang.* »

Le roi donna l'ordre à Calomarde de lui amener les ministres ; ils parurent tous, à l'exception Zambrano, ministre de la guerre, alors à Madrid. Après s'être fait donner une connaissance exacte de la situation des esprits et des choses, le roi prit des mains de la reine la plume qu'elle lui présentait *et signa le décret royal qui rétablissait don Carlos dans tous ses droits au trône*. Ce décret, signé et scellé du grand sceau de l'état, fut remis à *Calomarde,* avec l'ordre cependant *de ne pas en faire connaître les dispositions avant sa mort.*

Mais les ministres, qui ne trouvaient aucune sûreté pour eux-mêmes dans le mystère que réclamait le roi, lui objectèrent qu'il était au contraire de la plus grande urgence, et pour éviter les plus grands malheurs, de publier ce décret, qui ôterait au peuple tout prétexte pour se soulever. Nous allons voir comment il ne fut pas publié.

Le décret fut enfin remis au président du conseil de Castille.... et qui alors était Puyg.

Malgré les précautions les plus soutenues et la vigilance des employés du palais, quelques personnes entendirent cette longue et intéressante conversation, et recueillirent avec empressement cette déclaration du roi : « *Oui, je recon-* « *nais que mon frère a de justes raisons de se* « *plaindre de moi; mais j'espère les diminuer* « *par la résolution que j'ai prise et le décret* « *qui la rend immuable.*

Cet aveu du roi peut-il laisser le moindre doute sur la libre manifestation de sa volonté, et permettre de croire qu'elle n'ait pas été d'accord avec les dispositions du décret royal dont les ministres lui firent sentir l'importance ? Put-il, lorsqu'il revoqua cette dernière décision, dire qu'on avait usé de surprise et habilement profité du moment où ses organes étaient le plus affaiblis pour présenter à sa signature l'acte qui privait sa fille de la succession au trône ? Le put-il sans insulter à la vérité, lui qui reconnaissait avoir des torts envers son frère ?

Il est à remarquer que quatre des personnes

qui avaient entendu cette conversation *mouru-
rent peu après le décès du roi !!...*

L'infante dona Carlota, sœur de la reine et
épouse du second frère du roi, don Francisco de
Paula, se trouvait à Séville lorsqu'elle apprit
non-seulement combien la maladie du roi avait
acquis de gravité, mais encore que S. M. avait
reconnu son frère don Carlos pour héritier de
ses droits royaux.

Cette femme, émule d'Alecto, est le type de
l'italiénisme : ambitieuse, dissimulée, perfide
autant que colère, elle sentit la haine qu'elle
conservait pour don Carlos se rallumer avec une
violence nouvelle et brûler son sein du besoin
de venger son orgueil humilié.

Je ne dois pas taire un fait qui, d'ailleurs,
doit dervir à expliquer l'état d'irritation dans
lequel se trouva cette nouvelle mégère, cause
certaine des événemens désastreux qu'il me
reste à développer.

Quelques révolutionnaires, jugeant bien de la
situation du pays et de la disposition des esprits,
et remarquant que, d'un côté, les prétentions de
la reine pour sa fille amèneraient infailliblement
une collision qu'ils redoutaient, et que, de
l'autre, les droits de don Carlos au trône étant
réels, ils seraient toujours un obstacle puissant

à leurs projets, conçurent l'idée de placer l'infant don Francisco de Paula entre ces deux nuances d'intérêts, et de le présenter comme un moyen conciliatoire, un *mezzo termine*, duquel ils se serviraient dans l'intérêt de la révolution. Ils flattèrent donc l'ambition de dona Carlota, ce qui n'offrait pas de bien grandes difficultés; ils lui persuadèrent que les libéraux, ne voulant pas de don Carlos, qu'ils ne consentiraient jamais à saluer pour roi, il y avait des moyens de rapprocher l'infant son époux du trône de Charles-Quint, et qu'en rendant impossible l'avénement des deux filles de la reine, son époux placerait alors légitimement sur sa tête la couronne refusée à son frère. Dona Carlota ne recula pas devant *l'emploi de ces moyens;* elle consentit à tout. Ce projet resta secret, le silence étant là un puissant auxiliaire; mais on travailla avec d'autant plus d'ardeur à son exécution, que don Francisco de Paula était connu pour professer des idées peu équivoques de libéralisme, et que dona Carlota était furieuse. Don Carlos l'emportant sur les intrigues de la reine, et recouvrant enfin ses droits à la succession au trône, l'infant don Francisco de Paula s'en trouvait légitimement exclu, ce qui détruisait le rêve ambitieux de cette Infante : *Inde iræ.*

Dona Carlota, furieuse contre la reine, et dans un état d'exaspération inconcevable, partit de Séville avec le plus grand empressement, car, d'un moment à l'autre, le roi pouvait cesser de vivre ; la plus grande diligence était nécessaire à la réussite de ses projets. Elle ne négligea rien pour arriver à Saint-Ildefonse avant le décès du roi ; sa voiture se brisa deux fois, cependant elle arriva : Ferdinand vivait encore.

La princesse une fois à Madrid, les libéraux en sont informés ; ils courent chez elle, l'instruisent de tout, et lui persuadent qu'il faut empêcher, à tout prix, la publication du fatal décret... « C'est mon projet, » dit-elle sèchement. Elle manda aussitôt le président du conseil de Castille qui, comme nous l'avons annoncé, était dépositaire de l'acte qui rétablissait les droits de don Carlos, en donnant une nouvelle force aux dispositions de la loi salique.

Là, elle adressa les plus vifs reproches à Puyg, président du conseil de Castille, qu'elle accusa de faiblesse, de lâcheté même, et d'avoir sacrifié les plus chers intérêts du trône à son impéritie. Elle voulut que l'acte authentique lui fût remis ; Puyg le lui donna : il était encore fermé et dans l'état où le roi le lui avait confié.

Munie de cette pièce, elle vole à la Granja,

bien résolue de triompher de tous les obstacles,
n'importe à quel prix, et de ne rien négliger
pour obtenir l'abolition immédiate de la loi salique, et la révocation du décret royal dont elle
était dépositaire. Le roi était dans un état qui
ne donnait presque plus d'espoir, lorsqu'il apprit l'arrivée de dona Carlota à la Granja...
Cette apparition d'une princesse connue par
quelques antécedens qui attestaient de la violence de son caractère fut un coup de foudre!!
Que venait-elle faire? que voulait-elle? Chacun
se faisait ces questions, et chacun y répondait
différemment. Elle monte chez la reine... « Eh!
« quoi, lui dit-elle, méconnaissez-vous assez le
« prix d'un trône pour avoir négligé de vous
« conserver celui de Charles-Quint? Personne
« ici n'est-il donc assez éclairé pour juger que
« don Carlos, une fois assis sur le trône, devien-
« dra le fléau de sa famille et le vôtre en parti-
« culier? Pourra-t-il oublier les intentions du
« roi en faveur de sa fille? Croira-t-il que l'idée
« lui en soit venue sans le secours de la reine?
« Non, non, il ne le croira pas; nous serons
« persécutées, exilées, que sais-je encore? Il n'y
« a pas un instant à perdre : volons chez le roi...
« qu'il annulle le décret... ou je le déchire en
« mille pièces...

« Mais, dit la reine, le roi n'a cédé qu'au
« vœu de la nation; ce vœu était hautement
« manifesté... » Puis, avec un air de confidence,
elle ajouta : « Nous courrions tous les risques de
« devenir victimes. Les Espagnols... les Espa-
« gnols !! — Eh que peu m'importe, reprit dona
« Carlota, ce peuple que vous paraissez redouter!
« n'en attendez rien ; qu'il cède !!... C'est un de-
« voir qu'il ne remplira qu'après lui avoir op-
« posé une volonté ferme et invariable; que
« Ferdinand annulle le décret, je me charge
« du reste, sans égard à ce que pensera, dira ou
« fera le peuple : nous serons sourdes et aveu-
« gles. » Ainsi, l'orgueil et la vengeance faisaient
émettre à cette femme la même pensée que Voltaire fit exprimer à Aménaïde, et qu'il rendit
dans ces beaux vers :

> Que m'importe à présent ce peuple et son outrage,
> Et sa faveur crédule et sa pitié volage,
> Et la publique voix que je n'entendrai pas?

La reine, cédant aux instigations de sa sœur,
se rendit chez le roi : dona Carlota l'y accompagna, toujours munie du décret... Les deux princesses le trouvèrent presque mort... Là, elles
attaquèrent fortement l'existence de ce décret
qui froissait, lui dirent-elles, non-seulement les
intérêts de la monarchie, mais qui contrariait

encore le vœu des Espagnols, vœu qui avait pour objet l'avénement de dona Isabelle, sa fille, au trône de ses pères. Le roi, malgré ses ministres, malgré les assurances, les craintes même de la reine, révoqua son décret qui fut annulé à l'instant même. C'est ainsi que l'infant don Carlos, victime de la haine de ces deux femmes, se vit privé, en apparence, de son droit au trône, et que l'Espagne fut encore une fois jetée à l'hydre révolutionnaire, empressée de dévorer sa proie. Cruel résultat de la fureur tout italienne d'une femme étrangère, par le fait, aux grands événemens qui se passaient alors !!

CHAPITRE IV.

Le parti révolutionnaire, qui avait perdu espoir d'un succès immédiat, et qui ne s'occupait plus que des moyens de se préparer pour l'avenir, reprit son attitude menaçante à l'arrivée de l'infante dona Carlota ; de nouvelles intrigues furent, comme par le passé, ourdies avec art et précision : de nouveaux malheurs allaient fondre sur l'Espagne.

Le roi ne mourut pas... Des espérances assez fondées préparèrent à l'idée de son rétablissement, qu'il obtint en effet, au-delà même des prévisions des praticiens. Sa tête seule, entièrement affaiblie, attestait les ravages de la maladie; ce fut au point qu'il se trouva dans l'impossibilité de diriger le char de la monarchie. Son état était presque celui de la déraison; il le conserva jusqu'à sa mort, sans éprouver même aucun instant de lucidité.

Les libéraux, habiles à tirer parti de tout, profitèrent habilement de cette absence d'intellectualité pour faire faire à Ferdinand tout ce qu'ils désiraient, ou plutôt ce qu'exigeaient la reine et sa sœur, organes des vouloirs de la révolution... D'abord, on dépouilla le roi de son autorité, puis on exigea qu'il signât un décret par lequel il avouait que sa santé, ne lui permettant plus de s'occuper des affaires publiques, il nommait la reine pour tenir les rênes de l'état, mais en son nom.

Comme on devait s'y attendre, le peuple reçut mal la nouvelle de cette détermination; mais comme son ancien dévoûment au roi était inaltérable, et qu'il était accoutumé à l'obéissance la plus passive aux ordres émanés de sa majesté, il se contenta de murmurer, de plaisanter, et *tout finit par des chansons.*

Marie-Christine, sous l'égide du roi, fut presque certaine de ne conserver aucune responsabilité personnelle de ses actes : assurée enfin de pouvoir sans obstacle opérer tous les changemens qu'elle voudrait ordonner, elle se rattacha au parti libéral, qui voulait, ou faisait semblant de vouloir, sa fille pour reine, et s'abandonna aux libéraux, qui la dirigèrent à leur gré.

Le changement de ministère fut son premier acte d'autorité. Le second fut de remplacer les ministres par les hommes les plus marquans par leurs principes révolutionnaires, et qui avaient figuré sur la scène politique en 1820 et 1823, entre autres Zea, que le roi avait répudié lors du ministère de Cruz... Le parti libéral triomphait!!

Calomarde fut obligé de se sauver déguisé en moine, et chercha un refuge en France contre la veangeance de la reine, qui voulait le punir du dernier conseil qu'il avait donné au roi : celui du rétablissement de la loi salique.

Il paraîtrait qu'après sa fuite, cet homme aurait voulu se rallier aux opinions légitimistes et suivre le parti de don Carlos, assurant même qu'il n'avait agi que dans ses intérêts. Mais le piége était trop grossièrement tendu, et les Espagnols qui ont été témoins de sa conduite savent quel jugement ils doivent porter à l'égard de celui qui n'agit jamais que pour ses intérêts privés.

Presque tous les capitaines généraux qui commandaient les provinces furent remplacés par des individus qui jusqu'alors n'avaient pu parvenir à se faire agréer : dès-lors on destitua tous les partisans de la royauté.

La reine, sans aucun égard pour son mari, ne rougit pas de déclarer, dans les différens décrets qu'elle lançait, que, *pendant tout le règne de Ferdinand, le peuple n'avait fait que végéter dans la barbarie.* Enfin, ce fut par l'organe des révolutionnaires qu'elle gouverna constamment.

Les Espagnols accueillirent fort mal les aveux, les outrages de la reine; ils furent indignés de la conduite de cette femme qui, du vivant même de son mari, ne craignait pas de l'outrager. Aussi, perdant chaque jour de son crédit, elle fut bientôt convaincue que sa fille ne pourrait jamais régner que par la force sur un peuple qui haïssait sa mère, et aux yeux duquel elle perdait chaque jour de sa considération personnelle.

Les libéraux n'eurent pas de peine à persuader à la reine que les Espagnols qui professaient
des opinions royalistes ne se rallieraient jamais
à elle. Par cette conduite, ils voulaient l'amener
à retirer la confiance du gouvernement à ceux
qui occupaient encore des emplois. On remplaça
aussitôt ceux qui restaient encore dans les diverses administrations. La réforme, l'épuration,
disait-on, fut tellement générale, qu'il suffisait
d'avoir émis une opinion contraire au gouvernement de 1820, gouvernement déclaré illégal
par le roi, pour perdre l'emploi qu'on occupait.

Les officiers de la garde royale qui apparte-
naient à des familles distinguées, et auxquels on
supposait des principes contraires à la révolution, furent tous renvoyés du service : un jour
seulement le nombre s'en éleva à cent cinquante,
parmi lesquels se trouvèrent quinze officiers
supérieurs.

La même mesure fut adoptée dans l'armée ;
mais, pour donner à cet acte de despotisme une
ombre de légalité, une apparence de justice, on
nomma quatre inspecteurs généraux chargés de
joindre à leurs états de revue des rapports particuliers sur les principes politiques de chaque
officier. Personne alors ne fut dupe du but qu'on
voulait atteindre, et chacun s'attendit à recevoir

son ordre de retraite. Tout le monde savait que cette ombre de légalité était un nouveau manque de franchise, et que le renvoi de ceux qui avaient servi dans les corps royaux en 1820, 1822 et 1823, était tacitement sanctionné. Enfin, pour l'exécution de ce projet, on choisit parmi les généraux ceux qui avaient été disgraciés depuis la restauration : comme ces inspecteurs étaient tous ennemis, au moins sous le rapport de la croyance politique, des officiers contre lesquels on voulait sévir, ceux qui étaient attachés à la légitimité furent mis en retraite.

Enfin, du moment où la reine prit les rênes du gouvernement, les royalistes n'eurent plus de sécurité : des persécutions atroces furent dirigées contre eux, et le plus sanglant des reproches qui leur furent adressés fut celui d'avoir servi contre le gouvernement qui, à Séville, en 1823, avait détrôné le roi.

L'opinion du peuple était trop connue pour que les révolutionnaires ne craignissent pas l'expression unanime du vœu et de la volonté même des Espagnols en faveur de don Carlos, dans le cas où le roi viendrait à mourir avant l'accomplissement de leurs projets, je veux dire avant qu'ils se fussent mis entièrement en possession du pouvoir. Il fallait prévenir cette manifestation de l'opinion publique; aussi conseillèrent-ils à la reine d'éloigner l'Infant, lui répétant ce qu'ils avaient déjà annoncé à Sa Majesté et répandu à peu près dans toute l'Espagne, que le prince conspirait contre l'autorité de son frère. Cette calomnie était d'autant plus infâme, qu'encore une fois le prince venait de refuser la couronne que le peuple lui avait offerte, en lui disant « *que son frère était dans l'impossibilité de* « *conduire le char de l'état, et que la reine, à* « *son tour, marchant à trop grands pas vers la* « *révolution, c'était un devoir pour lui de prendre* « *la direction du royaume.* » Mais don Carlos, qui s'était promis de ne rien faire contre la volonté du roi, vit, sans murmurer, les fautes que chaque jour on faisait commettre à son frère qui, dans la position maladive où il se trouvait, n'était plus que l'ombre du monarque, et qu'il ne régnait que par sa femme. Don Carlos, dis-je, rejeta l'offre que lui faisait la nation, parce que *le roi vivait*, et que, jusqu'à *sa mort, il lui devait l'obéissance qu'il lui avait jurée*. Cette conduite, toute loyale et vraiment digne des beaux jours de la chevalerie, ne mettant aucun terme aux déclamations des ennemis de la monarchie, l'Infant, pour ne laisser à l'Europe aucun doute sur la loyauté de ses intentions, résolut de quitter l'Espagne et de se rendre en Portugal. Ce projet lui avait été inspiré non-seulement par le besoin de donner aux Espagnols une juste idée de la résolution qu'il avait prise, de ne pas accepter le trône du vivant de son frère, mais encore par le besoin de prévenir l'exil dont infailliblement il recevrait l'ordre, puisque les révolutionnaires le demandaient. Don Carlos se rendit chez le roi, et lui demanda la permission d'accompagner sa belle-sœur, la princesse de Beyra (1), en Portugal : Ferdinand lui refusa cette demande.

Le prince était à peine sorti de chez son frère, que le ministre Zea s'y présenta. Ferdinand lui parla de la demande de don Carlos, et ajouta qu'il lui avait refusé la permission de s'éloigner de l'Espagne. Zea, qui savait trop bien tout ce que le départ du prince pouvait avoir d'utile aux projets des partisans de la révolution, ne put qu'improuver le refus du roi ; aussi, dit-il à Sa Majesté : « *qu'il fallait profiter des dispositions* « *de l'Infant, dont la présence en Espagne entra-* « *vait la marche des affaires, et que si le prince* « *n'eût pas demandé d'aller en Portugal, que*

---

(1) Cette princesse avait été exilée par le gouvernement espagnol, à cause de ses opinions anti-révolutionnaires.

« *c'eût été un devoir pour lui de l'y envoyer.* »
Le roi accueillit entièrement les idées de son
ministre : il lui enjoignit de se rendre immédiatement chez l'infant don Carlos, et de lui
ordonner de partir dans le plus bref délai possible. Ce fut ainsi que don Carlos, qui désirait
s'éloigner sans y être contraint, reçut l'ordre de
son exil ; il ne fut pas surpris de cette étrange
conduite, et ne douta pas non plus que ce ne fût
à Zea qu'il dut son éloignement de l'Espagne ; il
se contenta donc de répondre qu'il partirait sur-
le-champ.

Le prince partit en effet pour Lisbonne, et
laissa les Espagnols dans la plus grande anxiété.
En voyant s'éloigner un prince qui, par son caractère franc et loyal et sa position élevée, pouvait seul éviter à l'Espagne les maux que la mort
du roi allait infailliblement déverser sur elle,
les Espagnols frémirent et se livrèrent à toutes
les craintes qui pouvaient leur inspirer l'idée
de la guerre civile.

La reine, fidèle à son système, s'y livrait avec
persévérance sous l'inspiration de ses ministres.
Cependant le peuple lassé commençait à exprimer
son mécontentement d'une manière plus expres-
sive. Les libéraux, qui n'avaient pas encore atteint
complètement leur but, et qui redoutaient, comme

je viens de le dire, la manifestation du vœu général, manifestation d'autant plus redoutable, que le peuple n'était pas encore désarmé, et que, d'un moment à l'autre, il pouvait demander, exiger par la force ce qu'il n'avait pu obtenir par des vœux, conseillèrent au roi, pour calmer l'effervescence des masses, de reprendre les rênes de l'état : Ferdinand y consentit, et dans le décret qui sanctionnait cette nouvelle mesure, il annonça que la reine était cependant autorisée à partager avec lui les soins que réclamait la conduite du royaume.

Ceci n'était qu'une nouvelle déception. Par ce moyen, on voulait empêcher la réaction royaliste qui était prêt d'éclater parmi les Espagnols; par là, on abusait de la crédulité du peuple, auquel on essayait de persuader que le roi, entièrement rétabli de sa maladie, régnait comme par le passé et avec toute la plénitude de sa raison. Personne ne fut pris pour dupe. Cependant, il était difficile de prouver que le roi ne gouvernait pas, puisque tout se faisait en son nom, et qu'il signait. En attendant, la révolution se maintenait, ses partisans gagnaient du temps; le peuple se plaignait, mais il ne bougeait pas; ainsi, le but que les partisans de la révolution s'étaient proposé, en dictant au roi les articles de ce décret, était atteint. Le peuple avait été trompé, on avait éloigné de lui l'idée d'une manifestation armée; plus tard, on se réservait d'arriver au moyen de lui ôter ses armes.

En politique ainsi qu'en révolution, le temps est un auxilaire puissant, il faut l'avouer; les libéraux savent merveilleusement attendre : ils attendaient donc...

L'exécution de ce projet eut encore un autre résultat : ce fut celui de rejeter sur le roi toute la responsabilité des mesures injustes qui, chaque jour, excitaient davantage le mécontentement du peuple.

Si j'osais faire ce parallèle, je dirais que c'était Bertrand se servant de la pate de Raton.

La santé du roi donnait à chaque instant de nouvelles inquiétudes; il ne vivait plus, pour ainsi dire, mais il était toujours un instrument dont les révolutionnaires retranchés derrière ce fantôme de royauté se servaient avec habileté. Comme on le voit, leur conduite était mesurée, elle eût pu l'être davantage : s'ils eussent trouvé la même sympathie parmi les masses, leur triomphe eût été complet.

Malgré cette déclaration du roi et son décret tendant à prouver que la conduite des Espagnes lui restait confiée, Marie-Christine, seule et unique dépositaire du pouvoir royal, n'en gouvernait pas moins et de manière à décourager les Espagnols. Elle crut devoir donner des éclaircissemens sur les épisodes de la Granja, sujets constans de toutes les réflexions; et malgré que déjà ils eussent été connus, elle voulut dissiper le bruit généralement répandu que le roi avait déclaré don Carlos son héritier au trône. Pour y parvenir, voici quels furent les moyens employés. On obtint de Ferdinand, incapable de fixer sa pensée sur aucun objet, une déclaration par laquelle S. M. « *avouait que ses* « *ministres, ayant astucieusement profité de* « *son état maladif, lui avaient fait signer la* « *reconnaissance des droits de don Carlos au* « *trône, mais qu'il se rétractait et déclarait de* « *nouveau sa fille unique héritière de la cou-* « *ronne...* L'Espagne fut indignée de cette lâche conduite.

Quelle fatalité pesait donc sur ce royaume !! Nous avons vu le roi défendant aujourd'hui ce qu'il avait fait hier, contradictions qui aggravaient le malheur du peuple, ouvraient une voie plus large à la marche de la révolution, aux envahissemens de l'anarchie, et exaspéraient à un tel point les royalistes qu'on fut à la veille d'en venir aux mains...

Narrateur fidèle des faits, je dois cependant avouer que, lors de cette nouvelle intrigue, Ferdinand n'était plus à même de savoir ce qu'il faisait.

Les constitutionnels, pour donner un plus haut degré d'importance à la dernière détermination du roi en faveur de sa fille, conçurent le projet de faire prêter serment de fidélité à cet enfant par les autorités civiles et militaires, et même par les provinces représentées par des députés. On s'occupa activement de l'exécution de ce plan, et bientôt arrivèrent de tous les coins du royaume les représentans des provinces. Je crois inutile de dire que ces députés furent choisis parmi les hommes les plus dévoués aux idées constitutionnelles ; la précaution était impérieusement exigée pour éloigner de cette scène vraiment pitoyable l'ombre d'une opposition quelconque. Et pour contenir le mécontentement du peuple, on fit venir à Madrid, sous prétexte de déployer un plus grand apparat militaire, plusieurs corps de troupes. Ce fut ainsi que, pour satisfaire à l'empressement supposé des troupes à reconnaître l'avénement d'Isabelle ii, on entourait de baïonnettes le peuple duquel on avait tant de raisons de craindre quelques signes de mécontentement!

Des sommes immenses furent prodiguées en cette circonstance, afin d'éblouir le peuple sur la situation pécuniaire du royaume; et comme le trésor était vide, pour subvenir aux frais de cette cérémonie, les fonds destinés à l'acquit de dépenses urgentes furent détournés et on suspendit le paiement des pensions, en déclarant plus tard que le trésor avait été épuisé par les fêtes de la *Jura*, du serment.

Enfin le jour marqué pour la cérémonie arriva. Ce *fut le* 20 *juin* 1833 que la réunion eut lieu au couvent de San Geronimo. Les ministres, les conseillers, plusieurs évêques, les représentans des provinces s'y rendirent processionnellement. Chacun en particulier regardait cette cérémonie comme une pasquinade de plus, et comme le digne pendant de celle qu'on fit jouer à Ferdinand lorsqu'il déclara sa fille héritière du trône... La cérémonie fut triste et froide.

Le peuple murmurait fortement; mais voyant de tous côtés des baïonnettes prêtes à réprimer la moindre manifestation contraire aux intérêts de la jeune reine, ou, disons mieux, de la constitution libérale, il se contenta de jeter des regards silencieux sur cette cérémonie, prélude certain de la guerre civile, puisqu'elle tendait à le priver de son légitime souverain, don Carlos après Ferdinand.

L'archevêque de Tolède, *Ynguanzos,* fut le seul qui ne voulut pas prêter serment à la jeune Infante. Il disait hautement que la déclaration du roi était aussi illégale que contraire au bonheur de la nation. Il ajouta que sa conscience ne lui permettant pas de prendre cet engagement, il ne pouvait pas non plus enfreindre l'obligation qu'elle lui imposait. On fut d'abord très-embarrassé pour cacher ce refus d'autant plus inquiétant qu'il était manifesté par un personnage de haute distinction, et dont l'influence sur l'esprit du peuple était grande. Ce fut en vain qu'on eut recours à la menace, ce prélat resta inébranlable dans sa résolution ; il anonça même que les évêques qui avaient juré obéissance à la jeune Infante avaient manqué à leur conscience et méconnu les lois de l'Espagne, qu'ils eussent dû respecter.

L'archevêque fut persécuté de toutes les manières, et, pour en finir, on envoya une compagnie de grenadiers avec l'ordre de l'enlever s'il refusait toujours à reconnaître la jeune Isabelle. Craignant alors pour son existence, il fit ce qu'on exigeait de lui, mais en protestant contre l'acte tyrannique dont il était l'objet.

Pour authentiquer l'acte qui instituait dona Isabelle reine d'Espagne, il manquait encore la reconnaissance de don Carlos. Tout fut alors mis en œuvre pour amener ce prince à prêter le serment indispensable : il refusa. On le menaça de la confiscation de ses biens, en le déclarant rebelle... Il répondit par l'envoi d'une protestation des plus énergiques contre cet acte arbitraire, et dit « qu'immédiatement après le décès « de son frère, il ne négligerait rien pour faire « valoir ses droits. » Cette protestation, qui ne fut même pas lue au conseil, resta secrète, tant on craignait qu'elle ne fût connue au-dehors; puis on ne parla plus de l'Infant.

Cependant, comme don Carlos était en Portugal, et que, par suite de la mort du roi, il pouvait se présenter comme souverain sur la frontière, et de là entretenir des relations multipliées avec le peuple qui le demandait, ou faire quelque tentative contre le gouvernement espagnol, celui-ci notifia à don Miguel l'invitation de faire immédiatement embarquer don Carlos pour l'Italie, l'informant qu'un vaisseau allait partir à cet effet pour Lisbonne, et le prendre à son bord.

Don Miguel répondit qu'il ne pouvait refuser l'hospitalité à son oncle, et que, si ce prince refusait de s'éloigner, il ne l'y forcerait pas.

Cordova, muni de l'ordre de la reine, se présenta chez don Carlos, qui lui répondit sèchement : « Je ne partirai pas. » Cet envoyé multiplia ses démarches, mais elles furent toutes inutiles.

Je ne puis passer sous silence la conduite du peuple de Madrid, et même de toutes les capitales de l'Espagne, pendant les fêtes ordonnées en réjouissance du serment prêté à l'infante Isabelle II.

Les plus grands préparatifs furent faits : on ouvrit des théâtres, des bals, des concerts ; des illuminations, des courses de taureaux eurent lieu ; rien ne fut négligé pour dérider le peuple : peine inutile ! Les Espagnols ne se méprirent pas sur l'importance des événemens qui lui présageaient de nouveaux malheurs.

La reine, avec sa fille, parurent dans Madrid avec la plus grande magnificence. Elles parcoururent toutes les rues de la capitale ; on eût dit qu'elles couraient avec d'autant plus d'empressement au-devant des acclamations du peuple, que partout il était silencieux. Chacun regardait passer les princesses sans y faire la moindre attention. On remarqua même des gens du peuple tournant le dos à la voiture qui contenait la mère et la fille. Cette indifférence fut tellement grande, et manifestée d'une manière si précise, que, pour qu'il fût dit que les habitans de Madrid avaient accueilli la jeune reine avec enthousiasme, le gouvernement paya des hommes pour pousser des cris de joie lors du passage des deux reines. Ce moyen, loin de satisfaire la vanité des princesses, comme aussi de seconder les projets du gouvernement, ne servit, au contraire, qu'à mieux montrer la haine du peuple ; et au moment où le char royal passait par la porte du Soleil (puerta del Sol), quelques uns des aboyeurs à gages ayant fait entendre des cris d'allégresse, le peuple, indigné, courut sur eux, et les eût infailliblement assommés s'ils n'eussent pas trouvé le moyen de se sauver.

Aux courses de taureaux qui eurent lieu sur la place de Madrid, préparée à cet effet avec la plus grande magnificence, et où le peuple espagnol est ordinairement si gai, si bruyant, le silence fut le même ; silence terrible, expressif, et que rien ne put faire rompre.

Malgré son état, on y conduisit le roi ; on espérait que sa vue réchaufferait l'enthousiasme des Espagnols, et qu'ils accueilleraient avec joie celui dont ils avaient défendu les droits avec tant de fidélité ; mais tout fut inutile. Le roi, accompagné de sa famille, parut sur le balcon au moment où la place était occupée par plus de quarante mille personnes ; il salua trois fois la foule assemblée sans qu'un seul *vivat* eût été exprimé. Ce silence fut plus éloquent que tout ce qu'on a pu dire pour persuader aux étrangers que le serment prêté à Isabelle avait été pour les Espagnols un moment de bonheur. Les ambassadeurs purent y lire, y découvrir quels étaient les véritables sentimens du peuple, et reconnaître aussi combien ces fêtes étaient loin d'être approuvées de la nation.

Ces fêtes finirent enfin, et la reine, frappée, outrée de l'accueil glacial qui lui avait été fait, ne connut plus d'entraves à ses projets. Elle agit ouvertement et ne négligea rien pour placer sa fille sur le trône, fût-ce même en versant le sang espagnol, que jusque là elle avait paru craindre de répandre.

Cette foule avait cependant les yeux fixés vers le roi, dont elle regardait la fin comme très-prochaine. L'assurance acquise par la vue de l'état du roi ranima l'espoir des deux partis : les royalistes, confians en leur force numérique, les révolutionnaires, comptant sur l'armée qu'ils avaient séduite. Tous fixèrent le moment de la mort de Ferdinand comme l'instant où serait résolue la grande question qui les divisait et que chacun espérait faire tourner à son profit. Le gouvernement fit encore signer au roi mourant un décret qui avait pour but le désarmement des volontaires royaux de plusieurs provinces. Comme à son ordinaire, le roi accorda, et les volontaires, fidèles à leur serment d'obéissance, rendirent leurs armes au nom du souverain qui les demandait. Cette mesure était le dernier coup de massue porté aux royalistes, puisqu'elle les privait du seul moyen qui leur restait encore de s'opposer au triomphe de leurs ennemis.

La maladie du roi étant enfin arrivée au point de ne plus laisser d'espoir de voir prolonger ses jours, la reine, qui depuis long-temps savait tout ce que sa mort pouvait apporter de gravité aux événemens dont on était ménacé, s'occupa avec activité des moyens d'en prévenir les conséquences, ou tout au moins d'en éloigner, le plus possible, les résultats, qu'elle prévoyait et qu'elle redoutait avec tant de raison. Elle crut y réussir en cherchant à persuader au public que, loin de craindre pour la vie du roi, son rétablissement avançait de jour en jour d'une manière presque surnaturelle. Pour donner à ces déclarations un air de vérité, on fit parcourir au roi les rues de Madrid, après avoir été porté dans sa voiture par quatre domestiques. Cette promenade fut le véritable adieu de Ferdinand. Cependant il fallait encore, pour recueillir des sorties du roi tout le fruit qu'on en attendait, cacher ses traits à la foule, qui n'eût pas manqué de juger combien son état était désespéré ; on fit masquer par des planches la porte du palais placée en face du grand escalier par lequel S. M. descendait ; ainsi le peuple ne pouvait l'apercevoir que lorsqu'il était déja dans sa voiture, où, pour éviter qu'il ne tombât, on l'avait assujetti avec une courroie. La reine l'accompagnait partout, multipliant ses saluts au public, et les faisant de telle manière qu'elle couvrait le roi en s'avançant avec affectation.

Il faut l'avouer : les derniers instans du roi furent un martyre. Sans égard pour sa faiblesse, pour ses souffrances, on voulut qu'il parût, et, en effet, on le fit voir au peuple, qui n'y faisait plus attention. On poussa la cruauté (car les raisons de politique ne devaient point étouffer dans le cœur de la reine les sentimens d'humanité qu'elle devait à son mari) jusqu'à vouloir qu'il parût gai et eût l'air de s'amuser.

Malgré ces précautions et les assurances données par les amis de la reine du rétablissement du roi, le bruit de sa mort se répandit souvent.

Chaque fois que celui-ci se propageait, on faisait faire au malheureux Ferdinand de nouveaux actes d'apparition publique. On alla même jusqu'à faire venir des comédiens au palais, puis on le porta, mourant, dans un fauteuil, à la représentation. Cette singulière comédie ne pouvait qu'égayer les Espagnols, si habiles à saisir le ridicule; mais un sentiment plus humain vint remplacer l'hilarité des spectateurs, et ne leur inspira que de la pitié. Les suites de ces apparitions furent telles, qu'on fut contraint plusieurs fois d'enlever le roi, tant on craignait qu'il ne succombât à l'extrême faiblesse qui l'accablait.

Cette dernière tentative des amis de la reine, loin de tromper les Espagnols, les éclaira au contraire sur le véritable état de la santé du roi. Chacun put juger que l'instant de sa mort était irrévocablement arrivé. Les partis s'observèrent et se disposèrent à en venir aux mains ; mais les royalistes, quoique nombreux, avaient laissé affaiblir leurs moyens, que l'absence de don Carlos paralysait entièrement. Si l'Infant se fût trouvé à Madrid, il eût été infailliblement proclamé roi d'Espagne.

Enfin, le 29 septembre 1833, Ferdinand VII mourut!!! A trois heures de l'après-midi, comme on se présentait pour le réveiller, on le trouva mort. Il fut donc impossible de lui administrer les sacremens.

Ainsi finit ce monarque si aimé des Espagnols à l'aurore de son règne, ce roi que ses peuples servirent et aux ordres duquel ils obéirent avec une si constante fidélité pendant la durée de son règne, cet homme enfin qui descendit dans la tombe sans avoir fait verser aucune larme. Les royalistes désiraient la mort du roi comme un événement qui les relèverait de leur serment, tandis que les révolutionnaires, parvenus à leur but, la désiraient pour jouir de leurs succès.

Ici, le respect m'impose de nouveaux devoirs. Ferdinand n'est plus : avec lui s'évanouit ma sévérité historique. Terre, sois lui légère !!! Ce vœu est encore celui d'un sujet dévoué, victime sans doute des mesures qu'il avait ordonnées contre lui, mais qui ne cessa de le servir avec honneur et fidélité... Ce vœu, le cœur d'un loyal Espagnol peut le former encore !!!

CHAPITRE V.

La mort du roi, bien que prévue depuis long-temps, frappa tous les esprits d'épouvante. Les choses étaient arrivées à un tel point d'injustice d'un côté et d'irritation de l'autre, que personne ne met en doute que l'un des deux partis ne cherchât à triompher de son adversaire par tous les moyens possibles, et après avoir fait couler des torrens de sang.

Le gouvernement, qui redoutait les royalistes en raison de leur immense majorité, quoiqu'il les eût graduellement placés dans l'impossibilité d'agir, resta d'abord comme frappé de la foudre dès qu'il eut connaissance de la mort du roi. Cette mort le priva de toute énergie. Une stupeur inconcevable paralysa les ministres; la reine était muette de frayeur, tous ses favoris partageaient son effroi. Cette hésitation était un secours inattendu que la Providence envoyait aux légitimistes. Les christinos n'avaient pris aucune mesure : l'épouvante les retenait comme anéantis, le moment était unique ! Que fit-on ? Des projets... des réflexions, des commentaires, puis rien ! Si, profitant des quatre heures d'irrésolution pendant lesquelles le gouvernement resta confondu, les royalistes se fussent montrés, le succès était complet.

Jetons un coup-d'œil sur cet épisode, il n'est pas sans intérêt.

Dès que la mort du roi fut certainement connue, la reine fit appeler les ministres, les généraux, et toutes les autorités du royaume qui se trouvaient à Madrid ; elle redoutait un soulèvement parmi le peuple de cette capitale. Anéantie par la frayeur, cette princesse espérait trouver auprès d'eux sécurité et conseils : elle fut trompée dans son attente ; car, au lieu de la rassurer sur les suites de cette catastrophe, ils accrurent, par leur contenance équivoque et leurs craintives prévisions, l'anxiété de la reine, déjà entièrement bouleversée par l'idée des dangers qu'elle avait à courir, dangers dont les ministres connaissaient toute la gravité. Ainsi la vue du roi sur son lit de mort, au lieu de regrets et de réflexions pénibles, n'inspira que la terreur et l'effroi à ceux qui, deux heures plus tôt, eussent opposé l'impudence et l'effronterie aux justes réclamations du peuple. Le moindre bruit, le roulement d'une voiture, les pas des passans, augmentaient la frayeur de cette nombreuse réunion qui, à chaque instant, croyait voir arriver le peuple en masse, et inonder de sang l'immensité du palais. Chaque croisée donnant sur la place était occupée par des puissances aux aguets. Cependant rien ne paraissait. La conversation devint d'abord moins timide ; sa monotonie disparut peu à peu ; enfin, après quatre heures d'anxiété, la confiance se rétablit : le peuple était resté, du moins en apparence, indifférent à cet événement.

Il était naturel que la reine et ses conseillers conçussent des craintes. Le moment, il faut l'avouer, était des plus critiques: si le peuple se fût porté sur la place du palais et eût proclamé l'infant don Carlos roi d'Espagne, sous le titre de Carlos V (Charles-Quint), tout était terminé. De là cette terreur panique qui s'empara de la reine et de ses conseillers. Jamais moment, jamais occasion ne fut plus belle; les vœux des royalistes étaient comblés; si mille personnes seulement se fussent présentées devant le palais en demandant don Carlos pour roi, le succès eût été complet, malgré les précautions des révolutionnaires: la reine, sans opposition aucune, eût abdiqué au nom de sa fille; les ministres, les généraux n'eussent fait que céder, trop heureux d'en être quittes pour un acte d'adhésion, et don Carlos régnerait!

Mais les royalistes, qui auraient dû prévoir cet événement et s'y préparer, manquaient d'armes et de chefs pour les diriger; sachant que la troupe, du moins les officiers, ne partageaient pas leur opinion, ils restèrent chez eux, sans se douter du désordre qui régnait au château.

Nous avons vu que ce ne fut qu'après quatre heures d'anxiété que les ministres reprirent courage. Ils ordonnèrent aux généraux de

faire arriver des troupes à Madrid et de multiplier les patrouilles ; la reine, revenue de sa
frayeur, approuva ces mesures et les sanctionna
au nom d'Isabelle ii ; elle en fit de même pour
tout ce que les conseillers lui demandèrent. La
révolution, si impatiemment attendue, était enfin arrivée. Les libéraux triomphaient.

Beaucoup de personnes furent étonnées de l'inaction des royalistes pendant les quatre heures
qui suivirent le décès de Ferdinand. Le moment
était opportun, l'occasion unique : ils devaient
en profiter ; c'est là ce qu'on pouvait naturelle-
ment penser... Cet étonnement cessera lorsqu'on
saura que les royalistes, ignorant l'état de stupeur dans lequel s'était trouvé le château, avaient
calculé leurs moyens d'attaque et de défense, et
qu'ils les trouvèrent tellement disproportionnés
qu'ils n'osèrent engager une lutte qui leur eût
été funeste après les premiers momens passés,
et ils eussent commis une grande imprudence
en se conduisant, à Madrid, autrement qu'ils
n'ont fait.

Depuis dix ans, on avait sans relâche travaillé
à leur destruction, et, depuis le commencement
de la maladie du roi, la révolution avait fait de
grands progrès ; ses forces s'étaient accrues ;
l'armée lui était dévouée ; à la cour, toutes les

hautes fonctions étaient confiées à des libéraux ; tous les personnages de distinction, connus par leur opinion en faveur de don Carlos, étaient proscrits ou absens, et immédiatement après la mort du roi, on renvoya de la capitale ceux qui l'habitaient encore. Dès-lors il n'y eut personne d'assez marquant par sa position sociale pour se mettre à la tête du peuple et des royalistes en faveur de don Carlos.

Le gouvernement, qui d'ailleurs était cuirassé de troupes, n'avait rien à redouter. Une attaque à force ouverte eût été fort incertaine ; pour éviter l'effusion inutile du sang, ils agirent prudemment, s'abstenant de toute manifestation. La reine employait des moyens rigoureux contre ceux qui prononçaient seulement le nom de don Carlos. Les actions, la pensée, les rapports sociaux, ceux de famille même étaient sévèrement surveillés ; personne n'osait s'exprimer avec franchise ; l'Espagne avait aussi sa terreur.

Marie-Christine, régente de sa fille, n'osa cependant paraître en public que long-temps après la mort du roi, malgré toutes les mesures prises pour assurer la marche du gouvernement, lui donner moins d'inquiétude et paralyser l'opinion légitimiste. Le peuple était silencieux.

Ce calme inspirait des craintes ; la reine, dans l'espoir de le tranquilliser, assura sur *sa parole royale* que jamais elle ne changerait les lois du royaume, ni forme du gouvernement, quelle que pût être d'ailleurs la force des circonstances, à moins que la volonté unanime du peuple ne demandât ce changement, et qu'elle ne cesserait de gouverner, comme par le passé, d'après les anciennes lois. Un décret fit connaître cette déclaration.... La reine crut ainsi calmer l'inquiétude ou la haine des Espagnols, et voulut se ménager des jours à l'abri de tous dangers : elle espérait, par cette mesure, éloigner du peuple cette idée constante chez lui du rétablissement d'un gouvernement représentatif à l'instar de celui de 1820.

Ce décret ne fit aucun effet sur les masses, et les libéraux le reçurent peu favorablement. En un mot, il ne satisfit pas les uns et mécontenta les autres : aussi Marie-Christine revint-elle promptement sur cette assurance donnée avec tant d'espoir de succès. La régente ayant été circonvenue par les révolutionnaires, on n'eut encore une fois aucun égard pour le vœu de la nation, et un gouvernement représentatif fut donné à l'Espagne. Les individus, qui, dans les divers événemens de cette longue tourmente,

avaient marqué par des opinions révolutionnaires les plus tranchées, y furent appelés. Ainsi,
toujours le même système d'irréflexion et d'in-
conséquence ; rien en effet n'était changé : le
règne de Ferdinand se continuait toujours.

Cette conduite lui éloigna les personnes, qui,
guidées par un sentiment du bien public, ef-
frayées des conséquences d'une collision, sup-
portaient cet ordre de choses comme bien
préférable à la guerre civile à travers laquelle
il eût fallu conduire don Carlos pour arriver
au trône. Les partis sont convenus de désigner
ces gens-là sous le titre d'*inutiles,* qualification
bienveillante, sans doute, puisque ordinairement
ils gênent par leur présence autant qu'ils con-
trarient par leurs réflexions : ils seraient mieux
désignés par le surnom d'*importuns.* Le peuple
indigné crut devoir refuser à la reine, ainsi qu'à
la régente, jusqu'à l'apparence du respect qu'il
lui avait conservé. Bientôt il ne s'occupa plus
des princesses ; il reprit son attitude silencieuse
et menaçante, se contentant de ridiculiser et
la mère et la fille.

Chaque jour la situation de l'Espagne devenait plus embarrassante pour la reine. Marie-
Christine n'avait ni assez d'expérience ni assez
de talens pour bien juger les événemens et di-

riger avec sagesse les intérêts du royaume. Craignait-elle un soulèvement? elle rapprochait alors davantage les révolutionnaires du trône sans s'apercevoir que les conseillers, une fois devenus les maîtres du pouvoir, la sacrifieraient, ainsi que sa fille, aux nouvelles exigences d'un nouveau gouvernement.

Il n'était cependant pas difficile de distinguer le but auquel visaient les révolutionnaires, et de juger que les mêmes individus qui, en 1823, avaient détrôné son mari, n'auraient pas plus d'égards pour sa fille qu'ils n'en avaient eu pour le feu roi son père.

Cette conduite calme, inoffensive des habitans de Madrid ne fut point imitée dans les provinces où le peuple n'était pas, comme à Madrid, entouré de baïonnettes. Là le peuple exprima hautement ses regrets et ses vœux. La manifestation de sa volonté fut franche et unanime. Elle eut d'autant plus d'énergie que le flegme de la capitale semblait les avoir irrités davantage.

Dès que la mort de Ferdinand VII fut connue, et à mesure que la nouvelle s'en propageait, il y eut partout des soulèvemens en faveur de don Carlos : dans la *Biscaie*, l'*Alava*, le *Guipuzcoa*, la *Navarre*, le peuple se leva en masse ;

les autres provinces imitèrent cet exemple, et partout *on jura de mourir plutôt que de reconnaître la reine Isabelle II.*

Aujourd'hui que l'Espagne fixe les regards de l'Europe, que la guerre entre don Carlos et sa nièce, usurpatrice de son trône, occupe tous les esprits, je dois donner des renseignemens que je garantis exacts sur l'officier qui le premier proclama la légitimité, la soutint avec énergie et la défend encore avec tant de talent et de courage. Je veux parler de Zumalacarreguy.

Don Thomas Zumalacarreguy est né dans la province de Guipuzcoa. (Je regrette sincèrement d'avoir oublié le nom de la ville.) Depuis 1824, il était lieutenant-colonel avec le rang de colonel, et non pas capitaine, comme on l'a dit dans une note biographique et mensongère publiée en 1834. Nommé colonel d'un régiment de troupes de ligne, il fut peu après destiné au commandement d'un corps d'infanterie légère, en raison des connaissances qu'il possède sur la tactique de ces troupes. Il était à la tête de ce dernier régiment, lorsqu'eurent lieu les événemens de la Granja. Compris dans les mesures de proscription qui atteignaient alors les royalistes, il perdit son commandement pour avoir servi contre les constitutionnels en 1820, 1822 et 1823. Il fut d'abord mis en demi-solde; dès qu'il eut reçu la nouvelle de cette honorable disgrace, il partit pour Madrid. Il adressa de justes réclamations à la reine qui n'en fit aucun cas, puis au général Quesada, inspecteur-général de l'infanterie, qui lui dit : « qu'ayant commandé « des troupes, en Navarre, contre les constitu- « tionnels, il était suspect au gouvernement, et « qu'il ne pouvait faire autrement que de le « rayer du service. »

Zumalacarreguy, sans se déconcerter, répondit à Quesada : « Vous me permettrez, mon gé- « néral, de vous faire une observation : si je suis « coupable pour avoir commandé, en 1823, un « bataillon contre les ennemis du roi, comment « se fait-il que vous, qui étiez alors mon général « de division, soyez aujourd'hui possesseur de la « confiance de la reine, et chargé de me priver « de ma propriété, d'un grade que j'ai acquis au « prix de mon sang, d'un grade qui constitue « toute ma fortune, celle de ma femme et de « mes enfans, qui n'ont que moi pour appui, « comme je n'ai pour soutien que mon épée et « une conduite sans tache ? »

Quesada, embarrassé d'une logique aussi persuasive, répondit à Zumalacarreguy, en fermant la porte sur lui : « Je ne puis agir autrement

« que je le fais. » Zumalacarreguy se retira ; mais cette injustice ne fut pas la seule qu'il eut à déplorer : une nouvelle disgrace lui était réservée. Quesada, homme très-vindicatif, fut piqué de la réflexion, du reproche que lui avait adressé le colonel ; aussi, pour s'en venger, il ne se contenta pas de l'avoir fait placer en demi-solde, il lui fit encore donner sa retraite, consistant en une pension trop minime pour assurer du pain à ses enfans.

Zumalacarreguy, indigné, confia à quelques amis le projet qu'il avait conçu de proclamer Charles v, ajoutant qu'immédiatement après la mort de Ferdinand, il partirait pour la Navarre. Il parla aux officiers qui, comme lui, étaient devenus victimes des rigueurs du gouvernement, les engagea à demander leur retraite, et à se retirer dans des villes situées près de Pampelune, telles que Vittoria, etc. ; il partit lui-même pour Pampelune, où il mena la vie la plus retirée, afin de se soustraire aux regards de la police de Christine. Les ordres étaient donnés, les royalistes dont il avait réclamé le concours étaient prêts à prendre les armes, lorsque Ferdinand mourut ! Dès que la nouvelle en fut officiellement arrivée à Pampelune, Zumalacarreguy quitta sa retraite et se mit à la tête de l'armée qu'il commande encore aujourd'hui, et avec laquelle il combat avec une constance et un courage dignes de tous éloges. Souvent il se trouva en face de Quesada, qu'il battit toutes les fois qu'ils se rencontrèrent. Quesada fut rappelé ; il perdit son commandement, et se retira à Madrid, fatigué de ses mésaventures, suites des attaques continuelles de Zumalacarreguy.

Puisque je fus forcé de citer le nom de Quesada, disons un mot de ce général; il ne pourra qu'intéresser le lecteur. Quesada était, en 1822, gouverneur de Santander. Il fut destitué , puis emprisonné pour avoir fait la contrebande : bientôt on le transféra à Vittoria, d'où il s'évada pour éviter le procès qui s'instruisait. Arrivé en France, il déclara fuir l'Espagne à cause des persécutions que ses opinions royalistes lui avaient attirées; on le crut. On lui confia des sommes assez fortes pour les distribuer à plusieurs émigrés espagnols : ceux-ci n'en reçurent rien ; Quesada les dépensa entièrement avec la fille de comptoir d'un café situé à Paris, rue.... (j'en tairai le nom par discrétion). Dès qu'il n'eut plus d'argent, il partit pour Bayonne ; là il abusa tellement le général Eguia, que celui-ci, au nom de Ferdinand vii, lui donna le commandement de l'armée royale en Navarre.

Pendant son commandement, il fit fusiller sans pitié tous les libéraux qu'il faisait prisonniers ; mais bientôt, fatigué d'une guerre dans laquelle il n'y avait que des lauriers à gagner, Quesada engagea l'armée dans un défilé, et la livra au fer des ennemis, qui la hachèrent. Il se sauva, et revint en France, où, après avoir attendu l'arrivée de S. A. R. le duc d'Angoulême, il offrit ses services comme un des plus zélés royalistes.

Aujourd'hui, Quesada sert Christine ; et, attendu qu'il y a peut-être autre chose que des lauriers à gagner à son service, nous espérons que ce général, se trouvant dans une atmosphère morale moins contraire à ses principes, sera fidèle, au moins une fois, à son serment, comme il l'a été à son goût pour les fusillades ; en effet, nommé capitaine-général de la Vieille-Castille en 1834, Quesada fit passer par les armes tous les royalistes prisonniers de guerre, comme il l'avait fait à l'égard des libéraux.

Les provinces insurgées agirent très-méthodiquement : elles nommèrent une assemblée provinciale (c'est ainsi qu'elles la qualifièrent) à laquelle elles confièrent le pouvoir gouvernemental, pouvoir que cette junte devait exercer au nom de don Carlos, et afin de se procurer les munitions et l'argent nécessaires à la formation de l'armée royale, dans laquelle se placèrent tous les hommes en état de servir: le *duc de Grenade, grand d'Espagne*, fut mis à la tête de cette importante entreprise, et se conduisit avec le plus grand discernement, comme aussi avec une fidélité admirable.

Beaucoup d'officiers de tous grades furent offrir à ce grand personnage leurs fortunes et leurs épées en faveur du roi Charles v ; tout faisait alors présager un succès complet.

Les Castillans, qui ne s'étaient pas encore déclarés, imitèrent l'exemple des autres provinces; ainsi, presque toute l'Espagne protestait contre l'usurpation de Christine, et promettait de mourir pour le véritable héritier du trône.

Nous verrons bientôt quel fut le résultat de cette manifestation de l'opinion légitimiste; mais, pour le moment, je dois, afin de coordonner les faits, parler de la conduite que tint le roi (c'est ainsi que désormais je continuerai de m'exprimer en parlant de don Carlos) lorsqu'il apprit la mort de son frère.

M. Cordova, chargé d'affaires d'Espagne en Portugal, fut désigné par le gouvernement espagnol pour apprendre officiellement à l'infant don Carlos la mort de Ferdinand vii, son frère et roi. L'ordre qu'en reçut Cordova portait encore que la reine aimait à croire que le prince reconnaîtrait sa fille pour héritière légitime du trône de son père.

Le 4 octobre, Cordova partit de Lisbonne et se rendit à Santarem, où se trouvait la cour. Il fut présenté au roi, auquel il apprit le but de sa mission, en lui donnant connaissance de l'ordre qu'il avait reçu de sa souveraine et de l'espoir quelle nourrissait. Le monarque l'écouta avec calme, puis il lui dit : « *Tu sais très-bien que mes « droits au trône sont imprescriptibles ; que je « suis l'unique héritier de la couronne de feu « mon frère. Es-tu dévoué à ma royauté, ou bien « sers-tu les interêts de ma nièce ?* » Cordova lui ayant répondu *qu'il servait les droits d'Isabelle II*, S. M. lui tourna le dos, en ajoutant : « *Je n'ai rien à te dire ; mais sois certain que « je saurai faire valoir les miens avec une con- « stante énergie....* » Cordova transmit cette réponse à la reine.

Le lendemain 5, le roi monta à cheval, et sans aucune suite, il se rendait à *Marvan*, ville située sur la frontière d'Espagne, bien décidé à pénétrer dans ses états à la moindre manifestation que les troupes feraient en sa faveur. Cet espoir fut complètement trompé... Les troupes restèrent silencieuses. Nous avons déjà dit que tous les moyens avaient été pris pour maîtriser leur détermination. Peu satisfait de ce résultat, mais confiant en la fidélité des Espagnols égarés par de fallacieuses promesses ou retenus par la crainte des châtimens dont on les avait menacés, il fit dire alors au général Rodil, qui se trouvait avec un corps d'armée à six lieues de là, qu'il allait entrer en Espagne, et qu'il ne doutait pas de son empressement, ainsi que de celui de sa division, à le reconnaître pour leur roi. Rodil, entièrement dévoué à Christine, répondit que non-seulement il ne le reconnaîtrait pas pour son souverain, mais qu'il le ferait prisonnier s'il mettait les pieds sur le sol espagnol.

Rodil, non content de cette réponse que la fidélité à son serment lui avait sans doute inspirée, voulut encore prouver son attachement à la reine par une action que l'honneur n'inspira pas : il choisit deux cents hommes parmi les individus condamnés aux galères et auxquels on pardonna sous la condition expresse qu'ils serviraient la reine. Cette troupe, après avoir violé le territoire portugais, se mit à la recherche du roi, avec l'ordre le plus impératif de s'en emparer ; ce qui serait indubitablement arrivé s'il n'eût pas été averti à temps de l'arrivée de l'ennemi, par un officier portugais nommé Corréa.

Charles v, n'ayant pas de troupes pour résister à un coup de main de la part de Rodil, partit pour *Miranda*, afin de se préparer aux événemens, et surtout recevoir les nouvelles qu'il attendait depuis si long-temps du théâtre de la guerre. Il jugea que ce point lui était favorable pour la création d'un corps de troupes destiné à former le noyau d'une armée; et dans le cas où il échouerait dans la réussite de ce projet, il pourrait entrer en Espagne et aller se mettre à la tête des provinces insurgées.

Bientôt il connut toutes les difficultés qui s'opposaient à l'organisation d'un corps de troupes. Il manquait d'argent, et il ne pouvait s'en procurer à l'aide de ses propres ressources, puisque la majeure partie des diamans de la reine lui avait été enlevée par les troupes de don Pedro à leur entrée à Lisbonne. S'embarquer pour se rendre en Espagne était une très-grande imprudence, puisque la flotte de don Pedro, son ennemi, étant maîtresse de toutes les côtes, et, formant un blocus très-rigoureux, il eût été infailliblement pris. Sa position devenait très-embarrassante : il le sentit; et, après les plus mûres réflexions, il dut céder à la force des circonstances, et attendre que ses partisans se rapprochassent assez des frontières portugaises pour lui permettre de se mettre à leur tête.

Marie-Christine, toujours inquiète des projets du roi, dont elle connaissait la fermeté, écrivit à don Miguel qu'elle exigeait qu'il ne procurât à don Carlos aucun secours, soit en hommes, soit en argent ou de toute autre manière, le menaçant de protéger, dans le cas contraire, les intérêts de son frère don Pedro contre lui. Cette injonction était assez singulière, car personne n'ignorait que l'Espagne fournissait à l'ex-empereur du Brésil des ressources, occultes à la vérité, mais assez abondantes, en argent, munitions, etc., pour lui permettre de prolonger la guerre.

Don Miguel ne l'ignorait pas non plus; mais sa position était telle, et son caractère si craintif, qu'il fit une réponse gauche et embarrassée qui ne décéla que de la pusillanimité. Et comment allier tous les intérêts? Il ne voulait pas rompre avec la reine Isabelle ii, parce qu'il craignait les troupes espagnoles, et en même temps il refusait d'agir contre son oncle, qui défendait une cause semblable à la sienne et qui plus tard pouvait le soutenir contre l'usurpation de don Pedro son frère. Cette situation était trop difficile pour que don Miguel s'en tirât avec avantage. Avouons que la position de ces deux monarques, soutenant la légitimité de leurs droits contre deux nièces encore enfans, était on ne peut plus singulière.

CHAPITRE VI.

Les provinces du nord de l'Espagne s'étant mises sur un pied de guerre imposant, leur attitude causait de vives alarmes à la cour de Madrid, qui résolut d'arrêter l'incendie. On fit partir pour le théâtre de l'insurrection un corps de troupes de douze mille hommes, commandé par *Sarsfield*. Ce général connut bientôt tout ce que ce soulèvement avait d'important ; il vit que la masse des habitans y avait pris part, que les femmes même s'y étaient jointes, et que l'emploi de la force n'aurait d'autres résultats que d'exaspérer davantage les esprits, après avoir fait inutilement verser du sang.

Il adressa donc à la reine un rapport circonstancié dans lequel, après avoir donné connaissance des faits, il avouait qu'il fallait perdre l'espoir de soumettre par la force des armes les peuples insurgés, et concluait en demandant qu'on employât les moyens de persuasion les plus actifs, et que ce ne serait que par une conduite sage et modérée qu'on parviendrait à calmer l'irritation, bien persuadé que le caractère farouche des habitans ne céderait qu'à l'emploi des moyens qu'il indiquait, comme étant le fruit de ses profondes observations.

Ce rapport ne satisfit pas la reine, qui brûlait du désir d'exercer une terrible vengeance contre ceux qui avaient osé résister à son autorité, en proclamant don Carlos roi d'Espagne ; elle répondit au général en lui retirant son commandement. Ce fut Valdès qui le remplaça : celui-ci ne fut pas plus heureux que son prédécesseur, et bientôt renvoyé. Quesada vint après lui ; ce général voulut tenter le sort des armes : il fut battu, puis privé à son tour du commandement de l'armée de Christine. Ce fut Rodil qui vint après lui avec un corps de dix mille hommes.

Au moment où j'écris cette narration, deux mois se sont écoulés depuis que ce général est en présence des royalistes. Il n'a fait encore que des marches et des contre-marches sans résultat, et perdu beaucoup de monde dans des affaires partielles; d'un autre côté, l'armée royaliste s'avance; chaque jour, de nouvelles insurrections en accroissent la force numérique..... Avouons-le, Sarsfield n'avait pas trop mal jugé!!... Le temps, au reste, nous apprendra ce qu'aura fait Rodil : attendons la fin de la campagne. Dans cette expectative, laissons-le faire ses manœuvres, et retournons en Portugal où de nouveaux intérêts nous appellent.

Aussitôt que la réponse de Rodil au roi fut connue en Espagne, les royalistes conçurent le projet de se joindre à sa majesté, et de partir pour le Portugal dans le but d'y former un corps d'armée destiné à protéger le souverain et à le rétablir sur le trône de ses pères. Marie-Christine, informée du projet qu'ils avaient conçu, lança un décret portant peine de mort contre ceux qui prendraient part à cette émigration, et que tous les individus qui seraient pris à une lieue en deçà des frontières seraient considérés et traités comme émigrés. La surveillance fut exercée de manière à fermer entièrement l'entrée du Portugal ; mais, malgré ces mesures, un grand nombre d'officiers, de personnes de distinction et autres de toutes les classes parvinrent à tromper la surveillance rigoureuse des agens de la reine, et arrivèrent auprès de don Carlos.

Les émigrés croyaient être, en Portugal, sous la garantie du droit des nations et à l'abri de toute inquiétude ; c'était une erreur, les troupes de Christine envahirent le territoire portugais, quelques émigrés y furent arrêtés et fusillés sans délai. Ces mesures sanguinaires étaient dignes d'un gouvernement ennemi de toute équité, et pour lequel tous les moyens sont bons, pourvu qu'ils puissent le conduire au but qu'il se propose d'atteindre : ne nous en étonnons pas, l'œuvre de la révolution était accomplie !

Si l'impossibilité de passer la frontière priva le roi du bonheur qu'il aurait éprouvé de commander son armée, le manque d'argent le mit aussi dans le cas de renoncer à l'idée de réunir un assez grand nombre de soldats pour en former un corps de quelque importance, car celui qu'il avait avec lui ne dépassa jamais le total de huit cents hommes d'infanterie et de cent chevaux, encore la majeure partie de cette petite troupe était-elle formée des officiers de l'armée et de ceux de la garde royale qui avaient été assez heureux pour arriver jusqu'à sa majesté.

Le roi reçut la nouvelle que huit mille royalistes s'avançaient par la Galice, vers le Portugal, dans le but de favoriser son entrée en Espagne. Ce rapport devait flatter don Carlos tant était grande la confiance qu'il avait en la bravoure et la fidélité des Espagnols. Afin de les joindre plus tôt, il partit pour *Villarreal*, ville de Portugal, située sur la limite des deux royaumes ; mais à peine y fut-il arrivé qu'il apprit que, pour la troisième fois, les troupes de Christine venaient d'envahir le territoire portugais, et que la nouvelle qui lui avait été donnée de la marche de huit mille royalistes n'était qu'une ruse à l'aide de laquelle on voulait l'attirer sur la frontière, afin de se saisir de sa personne ; il quitta dès-lors Villarreal, et se dirigea vers Lamego. Cependant il était très-important qu'il pût communiquer ses ordres aux provinces insurgées, et recevoir du théâtre de l'insurrection des nouvelles sûres, car il ne lui en était pas encore parvenu. Dans ce but, il fut à Viseu, et, après avoir pris quelques chevaux en Espagne, il ordonna à plusieurs de ses officiers de se rendre dans le nord de son royaume. Ceux-ci exécutèrent cet ordre avec la plus grande exactitude : ils traversèrent toute l'armée constitutionnelle, et arrivèrent enfin dans la Navarre, où ils rejoignirent Zumalacarreguy, commandant en chef des royalistes, à qui ils remirent les ordres du roi.

Je dois rapporter ici une anecdote qui prouve la franche bienveillance de don Carlos, la voici : Il reçut toujours avec la plus grande bonté les personnes assez heureuses pour obtenir l'honneur de l'approcher; c'est ainsi qu'en Portugal, il accueillit les émigrés qui venaient s'adjoindre à sa mauvaise fortune, avec la cordialité la plus aimable. Il aimait à les interroger, il était surtout curieux d'apprendre jusqu'aux moindres détails des faits qui pouvaient l'intéresser. Un jour, il lui arriva un ancien officier de la garde de son frère; dès qu'il l'aperçut, il fut à lui : « Eh bien ! que dit-on de moi en Espagne? » lui demanda-t-il. L'officier, sans hésiter, lui répondit : « Les christinos disent que votre majesté « manque de courage, et qu'elle n'oserait les « attaquer. » Le roi sourit, et lui dit : « Je te

« promets que je leur prouverai le contraire
« aussitôt que j'aurai une armée, fût-elle moins
« forte de plus des deux tiers que celle de Christine. » On conviendra que beaucoup d'autres
eussent répondu avec moins de bonté. Plus tard,
divers traits de sa conduite nous prouvèrent qu'il
était loin de manquer de courage.

Le roi était sans cesse tourmenté par l'idée de
l'inaction dans laquelle le retenaient forcément
le manque de troupes et le défaut d'argent; cette
inaction le minait. Il brûlait du désir de partager les périls auxquels s'exposaient ses amis
pour le placer sur le trône. Aussi, craignant
de laisser échapper l'occasion de se montrer, il
accueillit un conseil qui faillit le conduire dans
les mains de ses ennemis : sa majesté était à la
Guarda; cette ville est à six lieues des frontières.
On lui conseilla de se présenter aux avant-postes
de Rodil. Nous avons vu quelle fut la conduite
de ce général lors de la démarche du roi; malgré cette expérience, on persuada au roi que sa
tentative aurait un succès complet; qu'à sa vue,
les troupes placées aux avant-postes mettraient
bas les armes, et que, si l'armée même ne l'avait
pas encore proclamé roi, il ne fallait l'attribuer
qu'à l'impossibilité dans laquelle il avait été jusqu'à ce jour de s'offrir à elle. Le roi répondit :

« Je vous avoue que je vois beaucoup de danger
« dans cette expédition ; il y a au moins une très-
« grande imprudence à la faire sans avoir une
« probabilité de succès, et nous n'en avons au-
« cune, puisque nous savons que rien n'a été
« fait pour me rallier les troupes... » Il réfléchit
un instant, et comme, au premier mot de ce
conseil assez singulier, il avait ordonné qu'on
lui amenât un cheval, il fit appeler cinquante
officiers choisis parmi les mieux montés, et, pour
prouver qu'il ne balançait pas lorsqu'il s'agissait
d'exposer ses jours, il partit ainsi accompagné,
et se dirigea vers l'armée de Rodil.. « *Je ne*
« *crains pas la mort, dit-il à ses officiers, mais*
« *je suis avare du sang espagnol, et si, par la*
« *tentative que nous faisons, je puis éviter qu'il*
« *en soit répandu, je me saurai gré de l'avoir*
« *entreprise.* »

La reine et ses enfans restèrent à la Guarda,
attendant, avec un sentiment d'inquiétude bien
fondé, le résultat de cette témérité. Nous allons
voir à combien de périls don Carlos fut exposé.

Le roi arriva sur la frontière à peu de dis-
tance de l'ennemi ; quelques officiers s'avancè-
rent et apprirent aux Christinos, dont ils cherchèrent à connaître les dispositions, *que Charles v, Carlos quintos, leur roi,* était derrière

eux, qu'il allait paraître et qu'il les invitait à le reconnaître. Il y eut chez les ennemis un moment d'hésitation, et, comme s'ils se fussent consultés, ils restèrent immobiles, et tout annonçait leur incertitude sur le parti qu'ils devaient prendre. Mais enfin, revenus de leur étonnement et excités sans doute par quelques uns de leurs officiers, ils envoyèrent à ceux de don Carlos une décharge de mousqueterie ; aussitôt toute l'armée de Rodil s'avança pour attaquer les royalistes. Le roi, convaincu dès-lors de l'inutilité, de l'imprudence même de son entreprise, dit à ses officiers : « *Eh bien! ne l'avais-je pas* « *bien jugé! mais je ne veux pas m'en retour-* « *ner sans avoir vu ces gens-là tirer sur leur* « *roi.* » *On l'engagea à s'éloigner, il fit quelques difficultés, puis consentit à se retirer quand on lui eut dit qu'il devait se* conserver pour le bonheur des Espagnols et qu'il se compromettait lui et les siens.

Don Carlos se retira sur Almeïda, qui n'était qu'à deux lieues de là et toujours sous la domination de don Miguel. *Almeïda*, ville fortifiée, avait garnison miguéliste ; mais à peine fut-il entré dans la place qu'on aperçut la cavalerie de Christine, et peu de temps après Rodil, déboucha la tête de ses colonnes d'infanterie. Le roi

connut les dangers qui l'environnaient ; il crai-
gnit alors d'être la victime d'une trahison ;
n'ayant aucune confiance dans le courage des
troupes de la garnison, il fit monter à cheval les
officiers de son escorte, et laissant quelques uns
de ces messieurs pour lui servir d'arrière-garde,
il sortit d'Almeïda avec huit officiers ; lorsqu'il
eut fait à peu près un quart de lieue il s'arrêta,
puis il dit à ceux qui l'accompagnaient : « L'en-
« nemi doit occuper la route que nous suivons,
« il faut en changer.... Allons de ce côté. » Il
tourna, malgré l'observation de quelques personnes, la bride de son cheval et prit un chemin de traverse qu'il suivit toute la nuit. Arrivé
à la Guarda à huit heures du matin, on l'informa
qu'en effet les Espagnols avaient occupé, sur le
premier chemin qu'il avait suivi, en quittant
Almeïda, un défilé où l'attendaient les troupes
de Rodil qui l'eussent infailliblement fait prisonnier. Il faut avouer que, pour la première
fois qu'il fut appelé à prendre une résolution
stratégique, il s'en acquitta assez bien.

Rodil ne se contenta pas d'avoir occupé Almeïda, il se présenta de même devant la Guarda
où le roi, à peine arrivé, fut encore informé de
la présence de l'ennemi qui le harcelait. Il jeta
en avant quatre cents hommes sur les huit cents

d'infanterie qu'il avait à sa disposition et fit ses préparatifs pour se retirer sur Santarem, où se trouvait l'armée de don Miguel, c'est-à-dire à 22 lieues de la *Guarda*. La reine avec sa famille partit d'abord, le roi; à la tête de quatre-vingts cavaliers, tous officiers de cavalerie, ferma la marche tandis que le reste de l'infanterie fut laissé à la Guarda pour former la garde des équipages de la famille royale; mais bientôt, l'ennemi s'approchant avec plus de précipita-tion, il n'y eut pas d'autre moyen de sauver l'argenterie du roi que d'en distribuer les pièces aux soldats qui les portèrent dans leurs havre-sacs, ainsi que beaucoup d'autres objets de prix. On parvint de cette manière à sauver ce qui avait le plus d'importance et qui eût été infailli-blement pris. La majeure partie des équipages tomba au pouvoir de l'ennemi.

Rodil sachant que le roi avait pris la route de Santarem ne l'y suivit pas, car il savait que l'armée miguéliste s'y trouvait, il se contenta de harceler, pendant quelques lieues, l'arrière-garde du roi qu'il maltraita.

Tout ce que cette profanation d'un territoire neutre a de coupable, d'après les lois qui ga-rantissent le droit des nations, serait inexpli-cable si on ne connaissait pas toute la perfidie du gouvernement de Christine qui, comme nous l'avons dit, ne recule devant aucun moyen qui peut le conduire à un résultat avantageux à ses projets. Mais que penser du conseil donné à don Carlos? des dangers, des périls auxquels on l'exposait? Peut-on douter qu'il n'y ait pas eu trahison? Laissons aux traîtres la honte de leur conduite....

Le gouvernement espagnol n'avait pas encore reconnu don Pedro comme régent de dona Maria, reine du Portugal; il entretenait au contraire des relations amicales avec don Miguel; dès-lors cet envahissement du territoire portugais par les troupes de Rodil dut paraître un trop grand pas de fait par ce général, mais quoiqu'il ne fût point d'accord avec les généraux de don Pedro, Rodil manœuvra de cette manière pour s'emparer, à quelque prix que ce fût, de la personne du roi... Quelle perfidie! Christine l'avait ordonné!

La position de don Carlos, en Portugal, devenait chaque jour plus critique. Pour bien l'apprécier, il suffit de jeter un coup-d'œil sur l'état moral et politique de ce royaume, que la guerre civile, entretenue depuis deux ans, de concert avec le cholera-morbus, désolait d'une manière effrayante. Don Miguel avait épuisé son trésor;

il voyait devant lui une armée composée de tout ce que la France, l'Angleterre et la Belgique avaient d'immoral, et dont elles furent sans doute fort aises d'être débarrassées; armée dont la présence était signalée par de nombreux actes d'indiscipline, pour ne rien dire de plus, et dont l'existence était une calamité pour le Portugal. Je prouverai plus tard la vérité des reproches que j'adresse à cet assemblage hideux d'hommes sans moralité. On eût dit que, comme aux premiers temps de l'existence des nations, les barbares du Nord étaient venus fondre sur le midi de l'Europe, le ravager et le soumettre à leur joug dominateur : le Portugal était sans ressource, et don Carlos partageait son épuisement.

Comme les événemens du Portugal ont un rapport immédiat avec ceux dont la Péninsule est le théâtre, je crois ne pas dépasser le but que je me suis proposé, en suivant don Carlos sur le sol portugais. En effet, la lutte fratricide, entretenue entre don Pedro et don Miguel sur cette nouvelle Thébaïde, n'est pas indifférente à ce qui se passe en Espagne. Le même esprit, les mêmes maux affligent les deux pays... les mêmes vœux y sont encore formés. Mais, avant d'entrer dans quelques détails à cet égard, retournons près de Christine; nous y puiserons de nouveaux renseignemens indispensablement nécessaires à l'intelligence de ce qu'il me reste à dire.

Christine, par sa conduite, s'aliénait chaque jour davantage l'amour des Espagnols, et semblait prendre à tâche de diriger tous les cœurs vers don Carlos, comme vers un refuge contre ses constantes persécutions.

Le peuple espagnol, qui avait si mal accueilli l'avénement de la jeune Isabelle au trône de son père, éprouvait chaque jour plus d'éloignement pour le gouvernement d'une femme subjuguée par les révolutionnaires; si Christine mécontenta les Espagnols par son alliance avec les constitutionnels, sa conduite particulière finit par les éloigner entièrement. Une foule d'anecdotes étaient sans cesse offertes à la curiosité du peuple, et il faut avouer que, si l'exagération en accrut quelquefois le nombre, la vérité l'avait fixé à un total assez raisonnable pour satisfaire la curiosité publique. La conduite de Christine, après la mort de Ferdinand, indigna les Espagnols. La publicité qu'elle donna à ses relations et à ses intrigues, oubliant tout ce qu'elle devait à la dignité royale, le peu de soin qu'elle prenait de voiler la multiplicité de ses faiblesses, tout cela la rendit odieuse au peuple. Il ne pouvait pas en être autrement; aussi tous les vœux

se pressaient-ils autour de don Carlos, dont
la conduite avait été si constamment honorable, et comme prince et comme simple particulier.

Le peuple est plus retenu qu'on ne le croit
généralement : il refusera souvent ce que, parmi
les personnes de la haute société, on ne fera aucune difficulté d'admettre comme un délasse-
ment. Il a les formes moins polies, les mœurs
moins aimables, cela est vrai, mais elles sont
aussi moins dissolues.

Je n'ai pas l'intention de faire l'énumération
exacte des erreurs de Christine; je ne puis cependant me refuser d'attribuer à sa légèreté une
partie de la haine dont elle est l'objet; et comme
la publicité qu'elle s'est plue de donner à ses actions dépasse les bornes de la plus minime précaution, et n'appartient pas au secret de la vie
privée, je crois pouvoir citer deux traits de légèreté de cette princesse sans encourir le reproche d'indiscrétion.

Loin de s'occuper de la conduite des affaires,
conduite qui, dans les circonstances où se trouvait l'État, réclamait plus de soins encore, la
reine, comme si elle eût voulu convaincre le public que le fardeau fût au-dessus de ses forces,
ne s'en occupa plus après la mort de Ferdinand.

Entièrement livrée à ses ministres, elle ne songea plus qu'à satisfaire ses goûts, et se contenta de leur donner tous les jours une heure pour la signature des décrets ordinaires, etc.

Livrée à ses plaisirs, Marie-Christine passait toute la journée dans les bois ; passionnée pour la chasse, elle se livrait à cet exercice dans un parc situé loin de Madrid ; là, à l'exemple de Diane, mais moins chastement que cette déesse, elle faisait, de concert avec ses gentilshommes, une rude guerre aux hôtes timides des forêts. La manifestation de ce goût, assez viril, indisposa le peuple. Bientôt des murmures assez multipliés se firent entendre ; on se plaignit de sa conduite politique, et les réflexions les plus pénibles attaquèrent les actions privées de sa vie. On désigna plusieurs personnes qui entretenaient avec elle des liaisons plus qu'ordinaires. Ce mécontentement, dont le motif était peut-être calomnieux, car c'est ainsi que les gens honnêtes jugent toujours, ce mécontentement, dis-je, n'eut plus de bornes, lorsqu'il fut indubitablement connu que Marie-Christine préférait ses plaisirs à toute autre occupation.

Parmi les personnes désignées par l'opinion publique pour entretenir avec la reine des liaisons intimes, Marie-Christine avait distingué

un certain Mûnoz, officier des gardes-du-corps.
Cet homme, porteur d'une assez belle figure, n'a
cependant, dans toute sa personne, rien de bien
remarquable ; sa tournure est sans élégance, et
ses manières dénotent un homme élevé loin des
usages de la bonne compagnie. Peu de temps
après la mort du roi, il fut nommé gentilhomme
de Sa Majesté. Cette nomination n'étonna personne, et mécontenta tous les Espagnols. Puis,
comme si l'élévation de ce favori n'eût pas assez
justifié les bruits répandus, la reine parvint à
leur donner cette force de vérité indestructible
en se promenant seule avec lui, à pied, et sans
apporter la moindre discrétion à ses sorties. Les
réflexions alors n'eurent plus de bornes, et personne ne mit en doute que le gentilhomme ne fût
quelque chose de plus. Tout cela n'était encore
que des doutes, lorsqu'un hasard assez singulier
vint les dissiper. Un jour que la reine, suivie de
quelques personnes, chassait dans le parc dont
j'ai parlé, accompagnée de Mûnoz et de quelques autres personnages, un lapin s'élance d'un
buisson placé entre sa majesté et son favori. « A
« vous, Mûnoz, dit Christine, tirez-le...—*Non*,
« répondit celui-ci, *c'est à toi...* » Ce *toi*, entendu
de toutes les personnes présentes, excita l'étonnement d'abord, puis l'hilarité. Chacun se re-

garda sans mot dire, mais fit tout bas les réflexions les plus plaisantes, comme aussi les plus
pénibles. Mûnoz ne s'aperçut, ou feignit de ne
s'apercevoir de rien : la chasse continua comme
à l'ordinaire.

Comme toutes les anecdotes des cours, celle-
ci fut bientôt rendue publique à Madrid ; on en
fit des gorges chaudes, et dans toute l'Espagne
on ne parla, pendant quinze jours, que du *c'est
à toi* de Mûnoz à la reine. Ce Mûnoz, qui était un
pauvre garçon sans fortune, et qui n'avait pas
même la *cape* et l'*épée*, mit le comble à cette
publicité par la manifestation d'un luxe incroyable : les meubles les plus riches, les ameublemens les plus somptueux décorent encore
une maison qu'il a achetée... le ridicule était à
son comble.

Une autre fois, les généraux et officiers supérieurs attendaient, dans un salon attenant à
l'appartement de Christine, qu'elle vînt donner
le mot d'ordre, comme cela se pratiquait toujours. Il y avait quelque temps qu'ils étaient
là, lorsque la porte de sa majesté s'ouvrit. Chacun se prépare à recevoir la reine, et, se confor-
mant au terrible cérémonial, attend les ordres
qu'elle va donner ; alors paraît Mûnoz, qui, le
cigarre à la bouche, s'avance effrontément vers

la foule des officiers de tous grades qui encombraient le salon. C'est ainsi que, joignant à l'inconvenance le déshonneur de l'affectation, ce Mûnoz insultait à toute pudeur comme à tout respect humain.

Peu après, parut Christine : elle donna l'ordre, sans témoigner le moindre mécontentement de la conduite de son favori. Était-ce chez elle prudence ou effronterie ? je le laisse à juger; mais enfin comment douter encore? c'était impossible; aussi chacun crut. Je pourrais multiplier les exemples beaucoup trop nombreux de ce que je crois pouvoir appeler l'inconduite de la reine ; ces détails sont d'ailleurs peu intéressans, et produiraient, sans doute, de l'ennui, le dégoût peut-être; je dois m'abstenir. J'ajouterai seulement que ce fut ainsi que Christine perdit la considération qu'elle eût dû conserver par tous les moyens possibles.

Retournons vers don Carlos, que nous avons laissé sur la route de Santarem.

L'armée de don Miguel était dans un état affreux... Les soldats manquaient d'habillement, de chaussures surtout, et leur solde était arriérée de plus d'un an. Le roi occupait les positions de Santarem, défendues par la fidélité de ses troupes, qui, je dois l'avouer, brûlaient du désir de combattre... La place et les alentours de Santarem étaient les seuls qui restassent à don Miguel. Il fallait ou combattre, ou déposer les armes ; là, point de mesures transitoires, puisque, s'il en était chassé, il n'avait plus d'autres points stratégiques d'où il pût repousser avec avantage les attaques de l'ennemi. Don Pedro commandait son armée en personne, et don Miguel était à la tête de la sienne. Tout présageait un dénoûment prochain... Le résultat paraissait devoir être décisif... Il le fut en effet... mais qu'il fut lâche !

Les deux armées restèrent dans l'inaction pendant assez long-temps ; elles s'observaient avant de s'attaquer, et, au moment où on s'y attendait le moins, don Miguel, sans le moindre engagement, quitta ses positions, et se dirigea sur Evora. Comment expliquer une telle conduite ? Qui forçait don Miguel à cette singulière retraite ? Rien. Ses troupes étaient toujours fidèles ; elles avaient conservé leur énergie, leur enthousiasme... elles voulaient combattre. Pourquoi ne pas attaquer ? Nos doutes vont se dissiper ; poursuivons.

Rodil s'avançait en Portugal ; il favorisait le mouvement de don Pedro, de manière que don Miguel et don Carlos se trouvaient serrés de fort près par deux ennemis acharnés à leur perte.

Alors parut le décret de la reine, qui annonçait à l'Europe l'alliance qu'elle avait contractée avec don Pedro.

La situation était difficile, tant il est vrai qu'en guerre ne pas saisir le moment opportun est une faute irréparable. Si don Miguel, dont l'armée était beaucoup plus nombreuse que celle de don Pedro, avait attaqué son frère lorsqu'il fit la faute énorme d'échelonner ses troupes sur trois colonnes de Lisbonne à Santarem, il l'aurait battue et infailliblement détruite, et ce avec d'autant plus de certitude, qu'elle occupait vingt lieues de terrain.

Tout le monde prévoyait ce résultat. Don Carlos lui-même crut devoir en parler à don Miguel ; mais les assurances données par celui-ci, et les promesses que les circonstances forçaient le roi d'Espagne d'accueillir, portèrent don Carlos à espérer au moins que don Miguel sentirait le besoin d'agir ; il n'en fut rien, et ces promesses mirent plusieurs fois don Carlos sur le point de tomber au pouvoir de ses ennemis, et finirent par le faire comprendre de fait, et par sa seule présence, dans la capitulation d'Évora ; car il n'y fut pas compris militairement.

La conduite de don Miguel est véritablement une énigme pour tous les royalistes portugais. On eût dit que ce prince avait pris à tâche de mécontenter son peuple. Triste copie de Ferdinand VII, don Miguel ne fit rien non plus pour son armée, si brave, si loyale, si dévouée, et qui se sacrifiait pour lui conserver la couronne. L'imagination s'égare au milieu de ce dédale de faits sans rapports entre eux, ordonnés sans prévision, et exécutés sans énergie comme sans détermination. Lorsqu'on réfléchit qu'une poignée d'hommes, de diverses nations, débarquée à Oporto, commença la guerre, la continua, et finit par triompher de don Miguel, qui, huit jours après l'invasion de don Pedro, qui n'avait que 5,000 hommes, bloquait Oporto avec 70,000 hommes, on ne sait ce qu'il faut le plus admirer de la persévérance de l'un ou de la lâcheté de l'autre. Cependant, si nous interrogeons les actes de don Miguel, notre incertitude cessera.

Depuis son arrivée d'Italie, don Miguel ne fut pas plus tôt maître de la couronne de Portugal, que, dédaignant l'intervention des royalistes, il les éloigna de lui, paraissant n'en faire aucun cas, et il leur était redevable de la couronne !!! Il s'entoura des révolutionnaires, et finit par imiter minutieusement la conduite de Ferdinand en Espagne.

Je puis assurer que, sans le dévoûment des

basses classes du peuple portugais et du simple soldat, don Miguel eût été détrôné un mois après le débarquement de don Pedro à Oporto. Fidèle au même système, il était impossible que don Miguel ne succombât pas tôt au tard sous les efforts de son frère, malgré l'impéritie dont il n'a cessé de faire preuve.

Les soldats, remarquant le peu d'enthousiasme des officiers (1) qui, loin de les conduire au combat, étaient les premiers à tourner le dos au moment où commençait le feu, se refroidirent insensiblement, et la confiance, cette force morale, gage de tant de succès à la guerre, disparaissant chez eux, ils éprouvèrent ce je ne sais quoi qui précède le découragement, mais qui, cependant, n'est pas lui. On entendit souvent l'armée se plaindre de ce qu'on ne punissait pas plusieurs de ses chefs, qui, disaient les soldats, l'avaient livré à l'ennemi, reproche qui n'était pas sans fondement. Le roi ne fit jamais aucun cas de ces plaintes, et malgré des antécédens nombreux, il continua à confier à des généraux vendus à don Pedro la direction des

---

(1) Je dois avouer que les officiers français qui servaient dans l'armée de don Miguel se conduisirent toujours avec une telle bravoure, que la plupart périrent sous les baïonnettes ennemies.

opérations les plus importantes. On fut même jusqu'à dire dans toute l'armée que ces géné--raux recevaient une seconde paye de don Pedro, ce que je suis loin de repousser comme un bruit calomniateur.

Ce qui surprit au dernier point, ce fut la lâcheté de don Miguel qui, en rase campagne, capitula avec seize mille hommes d'infanterie, mille chevaux et quarante pièces d'artillerie. Son armée, quoique fatiguée au moral, comme nous l'avons dit, lui était toujours fidèle, et si ce prince eût fait trancher la tête au général qui par ses trahisons était l'auteur de tous ses désastres, l'armée se fût retrempée, son courage aurait reçu une nouvelle impulsion, et il eût infailliblement vaincu l'ennemi qu'il avait devant lui, et dont la force numérique, bien inférieure à la sienne, se fût trouvée presque nulle en face de la position vraiment militaire qu'occupait don Miguel, à qui tout promettait un succès complet. Loin delà, don Miguel ne songea plus qu'à capituler et à recevoir les conditions que son frère lui imposa ; et pourvu qu'il lui fût permis de s'embarquer en sûreté, le reste l'occupait peu. Cette conduite parut d'autant plus étrange que jusqu'alors on l'avait cru, très-brave.

Il sera facile de juger combien la position du roi d'Espagne recevait de gravité des événemens dont la place d'Evora était le théâtre. Il avait compté sur la détermination de son neveu, et, au moment où cette détermination pouvait se manifester d'une manière avantageuse, don Miguel abandonne tout et s'en rapporte à la générosité de son ennemi; qu'étaient devenues les promesses du roi de Portugal ?

Charles v, errant de ville en ville, poursuivi tantôt par Rodil, tantôt par don Pedro, supportait les vicissitudes de son exil avec une résignation et un courage admirables. La constance ferme et inébranlable l'éleva toujours au-dessus de sa fortune; souvent privé de nourriture, marchant à pied au milieu des montagnes, il aimait à s'entretenir, avec ses officiers, des grands intérêts de l'Espagne. Jamais le moindre mouvement d'humeur ne se manifesta chez lui; les malheurs de la patrie l'occupaient constamment : il leur faisait part des projets qu'il se proposait de mettre à exécution si, le sort favorisant ses desseins, il parvenait enfin à conquérir le trône qui lui avait été usurpé. Ses vues étaient toujours justes, profondes et constamment dirigées vers le bonheur de l'Espagne. Soulager le peuple, diminuer les charges qui,

disait-il, pesaient sur lui, étaient un devoir im-
périeux qu'il promettait de remplir. Cette assurance était, pour ceux qui avaient été à même
d'apprécier la fidélité qu'il mit toujours à tenir
ses engagemens, un double gage de son attention
à se la rappeler. Toutes les fois qu'il parlait des
craintes qu'il avait de verser le sang espagnol
pour faire triompher sa cause, ses traits étaient
visiblement attristés ; une sombre mélancolie
succédait à son amabilité, à sa gaîté ordinaires :
c'est alors que chacun s'efforçait de le détourner
de ses pensées.

Auprès de lui, ses officiers jouissaient de la plus
grande liberté, liberté qui cependant ne dépassa jamais les bornes du respect. S'arrêtait-il
pour dîner dans une maison, ou tout simplement sur le chemin ? il invitait toujours quelques uns des officiers de sa suite à partager son
repas. Je veux, disait-il, que ceux qui partagent mes périls partagent aussi mon pain. Ce
portrait de don Carlos n'a rien de flatté : j'ai dû
l'offrir pour faire connaître tout ce que son ame
a dû souffrir à l'idée des maux qui désolaient sa
patrie.

Depuis son arrivée en Portugal, don Miguel
ne lui fut d'aucun secours. Le roi d'Espagne
reçut un asile de son neveu, mais là se bornè-

rent les témoignages d'attachement et l'appui qu'il lui avait promis. Cette conduite de don Miguel avait pour but, d'abord de ne point rompre avec la cour d'Espagne : il redoutait la détermination de Christine et l'exécution de ses ménaces; puis de concentrer sur lui le succès qu'il attendait de ses opérations militaires : ainsi sa conduite était en deux mots lâche et orgueilleuse.

Don Carlos, malgré le peu d'importance de sa troupe, confiant en la fidélité des Espagnols, voulait en finir et pénétrer dans son royaume. Don Miguel, auquel il fit part de son projet, l'approuva; il fut même jusqu'à lui offrir des secours en hommes et en argent. Le roi d'Espagne accepta; il attendit en vain les troupes et les subsides que don Miguel lui avait promis. Enfin, malgré son désir de se réunir à ses sujets, et le peu de confiance qu'il accordait à son neveu, don Carlos se vit forcé de retarder le moment de son entrée en Andalousie. Ses ressources étaient minimes, et il avait d'abord conçu le projet de ne compter que sur elles; mais l'idée que son neveu tiendrait une fois sa promesse le détermina : il attendit. Cette circonstance, toute simple en apparence, est peut-être la cause de la prolongation des maux qui épuisent

la Péninsule. En effet, Rodil se trouvait à cinq
étapes de Séville, où le roi, qui y était impatiemment attendu, pouvait arriver trois jours avant
lui ; ce temps était plus que suffisant pour permettre aux Andaloux de prendre les armes : dès-
lors l'insurrection du midi, marchant d'accord
avec celle des provinces du nord, la position
du roi se fut singulièrement améliorée, d'autant
plus que sa présence eût encouragé le peuple à
manifester son opinion royaliste, que l'éloignement du roi et la crainte des persécutions retenaient dans les limites de la prudence. Nous
allons voir bientôt que don Carlos fut encore
trompé par don Miguel.

Malgré les assurances de don Miguel, les secours promis n'arrivaient pas, et le roi don
Carlos fut définitivement forcé d'y renoncer. Il
apprit que la crainte de mécontenter Christine
avait retenu don Miguel, qui, sans s'en douter,
du moins nous aimons à le penser, servait de
cette manière les projets de ses ennemis. Ainsi,
les assurances données par ce prince paralysè-
rent tous les efforts de don Carlos, en empêchant
sa participation aux mouvemens de l'intérieur,
finirent par le compromettre gravement, et
préparèrent sa ruine.

Don Carlos arriva devant Santarem, où se

trouvait son neveu. Celui-ci lui fit croire que quatre mille hommes et quatre cents chevaux allaient être mis à sa disposition.

C'était encore une fausse promesse, un leurre coupable, puisque don Miguel avait projeté d'abandonner ses positions, et de se retirer sur Evora. Don Carlos, indigné, suivit ce mouvement qui indiquait clairement que les intérêts du Portugal et celui de deux princes étaient plus que compromis.

On espérait toutefois que don Miguel tenterait une dernière fois le sort des armes; mais, loin de là, il capitula. Il pouvait cependant résister avec avantage, comme je vais le dire bientôt. La retraite des miguélistes fut une trahison manifeste et préparée de longue main. Les soldats arrivèrent à Evora dans un état pitoyable et dans un désordre sans exemple. La plupart des hommes marchaient pieds nus. C'est ainsi que les reçut la ville d'Evora, dernier refuge d'une armée si pleine d'ardeur et si fidèle à ses devoirs : jusqu'au dernier moment, les troupes restèrent telles et franchement dévouées au roi. Mais lorsqu'il fut notoire qu'on était en négociations pour capituler, l'indignation fut à son comble : elle fut générale contre don Miguel et les chefs de l'armée. Moi-même, j'ai vu, sur la place d'E-

vora, les soldats portugais insulter leurs généraux, et les accuser d'avoir trahi le roi ainsi
que l'armée. Marchons, criaient-ils, marchons!
nous voulons combattre, marchons !!! Les généraux ne répondirent rien ; ils méconnurent ou
feignirent de méconnaître ce que cet élan offrait
de garanties... Ils se retirèrent loin de ces démonstrations, poursuivis par le sentiment d'horreur qu'ils avaient inspiré.

Ce fut alors que les soldats miguélistes, que
l'armée en masse, vinrent trouver les officiers
espagnols pour leur proposer de se mettre à leur
tête, et offrir à don Carlos de le conduire en Espagne, et d'y combattre pour lui jusqu'à la mort.
Un général espagnol transmit cette volonté au
roi qui, de suite, fut trouver don Miguel : « *Tu*
« *es encore roi, lui dit-il, mais tu vas cesser de*
« *l'être si tu signes la capitulation qu'on te*
« *propose. Tes troupes, toujours fidèles, veulent*
« *me conduire en Espagne ; viens-y avec moi,*
« *combattons ensemble, et après avoir conquis*
« *mon trône, je te rendrai le tien que tu n'as pas*
« *su conserver ; décides-toi, réfléchis : tu te perds*
« *si tu accueilles les offres de ton frère ; tu m'en-*
« *traînes avec toi dans le gouffre que tu pou-*
« *vais éviter et que ton irrésolution a creusé*
« *davantage.* »

Don Miguel se retira sans répondre.....Que penser de cette conduite, de ce mutisme? Mille réflexions furent faites;... on ne voulut en résoudre aucune.

Cependant don Miguel revint près de son oncle, et lui apprit qu'il était prêt à le suivre en Espagne, puisqu'il leur était impossible de se maintenir en Portugal. Il ajouta qu'ils pouvaient compter sur quatorze mille hommes et trente pièces d'artillerie; qu'il fallait donner à ces troupes des officiers espagnols, chose facile, puisque l'armée portugaise le demandait, et qu'ainsi ils pourraient agir avec succès contre leurs ennemis communs. Don Carlos ordonna donc les préparatifs de son départ. De son côté, don Miguel appela ses généraux, et tout paraissait décidé; cependant ce prince tint un conseil qui dura deux heures, et à la suite duquel il donna de son côté l'ordre du départ. Mais ses généraux qui, comme nous l'avons dit, étaient vendus à l'ennemi, furent saisis d'une terreur panique dès qu'ils connurent le projet de don Carlos; car alors ils prévirent qu'ils allaient devenir l'objet de la vengeance des troupes qu'ils avaient si lâchement commandées. Ils ne négligèrent rien pour détourner don Miguel d'un projet qu'ils taxaient de ridicule; ils firent tant par leurs observations, et l'ascendant qu'ils avaient sur l'esprit de ce prince faible et sans énergie fut tel, que le conseil de ces traîtres prévalut sur la franche loyauté de don Carlos.

Don Miguel vint une seconde fois trouver son oncle, et lui dit que sa conscience ne lui permettait pas de tenir la parole qu'il lui avait donnée ; qu'il ne pouvait aller en Espagne, et qu'il était résolu de se rendre à son frère. Charles v, indigné, lui dit : « Je m'y attendais ; ce trait est « digne de toi. » Il retourna dans son appartement, et ne revit plus son lâche neveu, qui, pour la vingtième fois, s'était joué de ses promesses.

La situation des deux royaumes eût alors changée entièrement. Le roi don Carlos, en entrant, comme il en avait toujours eu le projet, par le midi de l'Espagne, où il n'y avait que trois mille hommes de troupes environ, se serait avancé sans rencontrer d'obstacle ; sa présence eût soulevé la province, et toute l'Espagne s'y serait jointe. Les forces de Christine, à l'exception du corps de Rodil qui se trouvait en Portugal, étaient dans le nord de l'Espagne ; ainsi, l'insurrection se fût faite sans empêchement. Le peuple en masse n'attendait que l'arrivée du roi pour se déclarer en sa faveur, et il était impossible que Rodil s'opposât à cette invasion, n'ayant pas assez de force pour résister à celles du roi marchant à la tête de son peuple... Si le premier manque de foi de don Miguel indigna les militaires fidèles qui l'entouraient, ce dernier trait les désespéra...

Malgré la lâche conduite de don Miguel, l'armée portugaise eût suivi don Carlos en Espagne, mais le roi n'ayant pas même l'argent nécessaire aux besoins particuliers de sa famille, et les troupes à qui il était dû devant être payées, il ne résista pas à l'idée de paraître avoir trompé ceux qui s'étaient confiés à sa loyauté.

Don Miguel avait encore des sommes considérables dans la place d'Yelves; sommes qui furent employées... à effectuer son voyage en Italie, et nullement à l'acquit de la solde de ses troupes, qui ne reçurent absolument rien.

Il eût été cependant facile de poursuivre l'exécution de ce projet, et moins de loyauté chez don Carlos l'eût fait triompher de ses ennemis. D'ailleurs, les troupes portugaises n'auraient eu rien à demander au roi d'Espagne, qu'à compter du jour où il se serait mis à leur tête, et, bien que don Miguel ne les eût pas payées, cet arriéré ne pouvait être à la charge de don Carlos. L'armée était humiliée d'une capitulation à laquelle on la faisait participer sans avoir combattu. Ce sentiment d'honneur était doublement précieux alors : les soldats rougirent à l'idée de déposer les armes devant leurs ennemis, et pour ne pas en supporter l'humiliation, les Portugais voulaient suivre don Carlos, auquel ils n'eussent demandé que leur solde courante.

Le roi ne le voulut pas ; cependant, une fois en Espagne, et avec les nombreux gages de succès qui s'offraient à lui, il eût facilement trouvé les ressources pécuniaires dont il était privé alors. Son armée aurait été payée... il eût pu agir avec confiance et succès ; mais une fatalité paraissait poursuivre don Carlos et prendre à tâche de contrarier ses projets... Puisse-t-elle perdre de sa désastreuse influence !

CHAPITRE VII.

L'espoir avait fui de tous les cœurs; cela se
conçoit. Mais si la défection de don Miguel, sur
lequel on avait fondé de si belles espérances,
excita un sentiment de regret et vint dissiper toutes les illusions, combien il dut être à la

fois cruel et consolant d'apprendre que les provinces du nord de la Péninsule, après avoir combattu avec leur antique héroïsme, attendaient avec impatience le roi pour voler à de nouveaux succès. Alors le découragement, l'indignation, furent extrêmes parmi les Espagnols. Qu'allaient-elles penser, ces provinces si fidèles, quand elles sauraient que le roi, après avoir été victime de sa confiance, l'était encore de la perfidie de son neveu, et qu'enfin il fallait partir... non pour aller se mettre à leur tête, mais pour un pays étranger? Cette idée était désespérante!

Les nouvelles reçues du théâtre de l'insurrection, nouvelles si impatiemment attendues, venaient d'arriver; elles furent apportées au roi don Carlos par un homme qui, après avoir parcouru la majeure partie de l'Espagne, et traversé, au milieu des plus grands périls, l'armée de Christine, était enfin arrivé à Évora. Le général Zumalacarreguy, dans une lettre qu'il écrivit à don Carlos, lui apprenait « que c'était « au nom de ses fidèles sujets qu'il osait le prier « de ne rien négliger pour venir se mettre à « leur tête; que les Navarrais le réclamaient « de tous leurs vœux, comme un gage certain « du succès auquel ils désiraient si ardemment « atteindre. » Zumalacarreguy ajoutait: « *Votre*

« *arrivée parmi nous , sire , retrempera le cou-*
« *rage ; la confiance renaîtra , car, je ne puis le*
« *dissimuler à Votre Majesté, l'un et l'autre fai-*
« *blissent parmi le peuple, que votre éloignement,*
« *s'il se prolongeait, pourrait entièrement dé-*
« *courager.* » Après quelques momens de réflexions, don Carlos répondit à Zumalacarreguy :

Voici cette réponse :

« La reconnaissance a gravé dans mon cœur,
« et en traits ineffaçables, l'importance des ser-
« vices que tu m'as rendus en combattant pour
« mes droits; tu dois m'en croire. Il est bien
« malheureux pour moi que les circonstances se
« soient opposées aux efforts que je n'ai cessé de
« faire pour me rejoindre à mes fidèles sujets, à
« ces braves que tu commandes avec tant de
« fermeté; mais tout ce que j'ai entrepris pour
« parvenir à ce but, loin de tourner à mon avan-
« tage, m'est au contraire devenu préjudiciable;
« enfin je suis forcé de m'embarquer pour l'An-
« gleterre, sous la protection de la Grande-Bre-
« tagne. En vertu des clauses du traité de la
« quadruple alliance formée entre la France,
« l'Angleterre, l'Espagne et le Portugal, on m'a
« fait proposer de renoncer à mes droits au
« trône; mais je dois t'informer, afin que tu le
« fasses connaître à tous les Espagnols, que non-

« seulement j'ai repoussé ces propositions, mais
« que j'ai encore fait connaître la ferme résolu-
« tion dans laquelle je suis de faire valoir mes
« droits par tous les moyens en mon pouvoir, et
« qui seront compatibles avec l'honneur.

« Je te donne ma parole d'aller avant peu me
« mettre à la tête de l'armée, et si la fatalité
« voulait que j'en fusse encore empêché, j'y en-
« verrais mon fils aîné, le prince des Asturies.
« Soutiens-toi encore pendant un mois ; ne
« négliges à cet effet aucun moyen, et je te re-
« joindrai ou périrai, s'il le faut, dans l'entre-
« prise. Surtout gardes le plus grand secret sur
« mes projets. Dis aux troupes que, si je m'em-
« barque, je jouis de ma liberté, ne me suis en-
« gagé à rien, et n'ai consenti à la cession d'au-
« cun de mes droits, que je conserve toujours.

« CARLOS (1). »

Cette lettre fut confiée au même homme qui
s'était si bien acquitté de la mission qui lui avait
été confiée par le général Zumalacarreguy... Il
partit sur-le-champ pour la Navarre, et après

---

(1) Les rois d'Espagne signent ordinairement *yo el rey, moi
le roi*, mais par le simple nom de Carlos, mis au bas de cette
lettre, Sa Majesté voulut témoigner à Zumalacarreguy plus
d'affection et éviter tout cérémonial.

l'ordre exprès qui lui en fut donné. La reine voulut aussi que la mule qui l'avait portée pendant les courses qu'elle avait faites en Portugal, à la suite de son royal époux, fût donnée à cet homme, comme un témoignage de sa satisfaction particulière.

Cette mule était d'un grand prix ; belle et infatigable, elle pouvait faire vingt lieues par jour : aussi la reine, en la donnant à ce fidèle émissaire, crut lui faciliter les moyens de remplir plus promptement le reste de sa mission. Arrivé très-heureusement près de Zumalacarreguy, ce fidèle envoyé ne manqua pas de rapporter les divers épisodes de son voyage, et le don de la mule ne fut pas oublié.... Il avait vu le roi, la reine, toute sa famille, qu'il était heureux !! Bientôt le bruit se répandit que la mule était celle de la reine. Aussitôt les soldats la prirent, la couvrirent de rubans, de fleurs, etc., puis la promenèrent dans la province. Les femmes, les enfans s'unirent aux soldats : la fête fut complète. Avouons-le : il est assez difficile de subjuguer un peuple comme celui-là, encore moins de le républicaniser.

Personne, en Portugal, ne connut la réponse du roi à Zumalacarreguy. On ne s'appesantissait que sur les malheurs qui allaient fondre sur cette poignée de braves si franchement dévoués à la cause de la légitimité espagnole. Le roi allait s'embarquer ainsi que sa famille, mais personne n'avait la permission de l'accompagner. Qu'allaient, encore une fois, devenir plus de trois cents officiers et huit cents soldats menacés de tomber entre les mains de leurs implacables ennemis, au pouvoir de Rodil enfin, qui faisait impitoyablement fusiller tous les partisans de don Carlos? Ces réflexions étaient affreuses; la plus grande consternation régnait partout autour du roi fugitif.

Don Carlos, avant son départ, n'oublia cependant pas ces fidèles compagnons d'infortune. L'idée des dangers auxquels ils les laissait exposés avait rempli son ame de douleur et d'épouvante. N'écoutant alors que la voix de son cœur, il fit demander le colonel anglais chargé de l'accompagner, comme représentant de la Grande-Bretagne; il lui dit avec énergie : « Je ne par-« tirai pas sans emmener avec moi au moins tous « les officiers qui m'ont accompagné; il n'est pas « juste que je les abandonne après qu'ils se sont « exposés pour moi aux dangers les plus certains: « ce serait le comble de l'ingratitude, et j'en suis « incapable. » Le colonel lui répondit : « Que « l'Angleterre prenait sous sa protection les

« émigrés espagnols; que dès-lors ils n'avaient
« aucun danger à courir; qu'ils ne seraient
« point remis aux troupes espagnoles, mais
« qu'ils formeraient un dépôt jusqu'à ce que des
« passeports pour se rendre où ils voudraient
« aller leur eussent été délivrés.... »

Malgré ces assurances données avec une noble franchise, le roi fit freter un bâtiment pour ses officiers; et il ordonna que ce navire suivît immédiatement le sien. Comme, parmi ces messieurs, ils s'en trouvait quelques uns qui étaient plus gravement compromis vis-à-vis des troupes espagnoles, on en dressa la liste; quatre-vingts furent désignés, et durent monter à bord de ce bâtiment. Chacun croyait avoir des droits à figurer sur la liste des partans, et chacun aussi, craignant pour soi, fut au désespoir en apprenant que personne ne partirait avec le roi, et que les officiers portés sur la liste ne seraient pas plus heureux que les autres, mais que dans quelques jours ils s'embarqueraient pour l'aller rejoindre.

Le départ du roi fut fixé au 30 mai 1834, à trois heures du matin. Il devait d'abord se rendre au lieu de l'embarquement, et de là faire voile pour l'Angleterre. Dès cinq heures du soir, la place d'Evora, où était située la maison qu'occupait don Carlos, était remplie de monde, les uns à pied, les autres à cheval, et tous disposés à le suivre. L'espoir de s'embarquer avec lui régnait dans tous les cœurs et fut conservé jusqu'à la fin. Le roi voyait tout de son balcon ; il disait aux personnes qui l'entouraient : « Je voudrais avoir le moyen d'accueillir tant « de braves gens, de les arracher aux malheurs « qui les menacent; mais cela m'est impossible... « Je n'ai pas d'argent et personne ne veut m'en « prêter. Eh bien ! puisqu'ils veulent me voir, « m'escorter jusqu'au bâtiment, je leur permets « de me suivre jusqu'aux bords de la mer, et si « je ne puis les sauver tous, ils reconnaîtront « du moins qu'il n'y a nullement de ma faute. »

Trois heures sonnèrent. C'était celle fixée pour le départ, comme nous l'avons dit. Le roi, accom-compagné de sa famille, monta dans une voiture escortée par un escadron de lanciers miguélistes. Une foule d'officiers et de militaires de tout rang le suivirent, comme chacun le put, jusqu'à *Monte mor novo*. Là, don Carlos fut remis aux troupes de don Pedro, qui formèrent son escorte jusqu'à *Aldea Gallega*, où le suivirent encore ses braves compagnons d'infortune.

Les troupes qui formaient l'escorte du roi, malgré leur épouvantable discipline, eurent cependant assez de pudeur pour ne pas l'insulter ; mais elles poussèrent la lâcheté jusqu'à frapper plusieurs Espagnols de sa suite , leur faisant un crime de la fidélité dont ils donnaient des preuves si constantes. Entre autres personnes qui eurent à se plaindre de ces forcenés , le précepteur du fils de don Carlos reçut un soufflet que lui donna un soldat pédriste; enfin, pendant deux jours que dura le voyage , les plus grossières injures furent prodiguées aux royalistes espagnols.

On atteignit *Aldea Gallega* , ville située sur le Tage : le peuple uni aux gardes nationaux de Lisbonne, insultèrent de nouveau les Espagnols; ils leur firent des menaces multipliées, assurant qu'ils seraient tous égorgés et que pas un d'eux n'échapperait.

Il fut dès-lors facile au roi d'Espagne d'apprécier tout ce que les personnes qu'il était obligé de laisser derrière lui auraient à souffrir; ce fut alors aussi qu'il dit, pour la seconde fois, au colonel anglais : » *Je veux que tous ces offi-* « *ciers s'embarquent ; il faut absolument trou-* « *ver un second bâtiment.* » Le colonel s'empressa d'obéir aux ordres du roi, et, pour en payer les frais, *la reine offrit à un négociant de Lisbonne plusieurs de ses diamans...* Ce trait de bonté touchante et de reconnaissance restera gravé dans le cœur de tous les Espagnols.

Le 2 juin, le roi fut informé que le bâtiment était loué, et que tous ses fidèles officiers le suivraient enfin dans peu de jours. Ivre de bonheur alors, il permit qu'on vînt lui baiser la main et prendre congé de lui... Lorque le salon fut plein de monde, il dit à la foule, si heureuse de l'approcher : « Mes amis d'infortune, j'aurais désiré « vous faire embarquer tous avec moi, afin de « me trouver plus près de vous, mais cela n'étant « pas possible, je vous laisse sous la protection « du colonel Well, représentant ici la nation « anglaise; il vous protégera contre les gros- « sières insultes de la populace qui vous a atta- « qués : il me l'a promis, j'y compte. Vous vous « embarquerez dès que le bâtiment sera prêt à « vous recevoir, et alors vous viendrez me re- « trouver, car vous êtes libres, d'après l'assu- « rance qui m'en a été donnée. »

Le roi s'embarqua de suite sur le vaisseau de guerre le Domgal, et, deux jours après, il fit voile pour l'Angleterre.

Dès que le roi fut parti d'*Aldea Gallega*, la populace et les soldats qui, par un reste de respect, n'avaient rien osé entreprendre contre les émigrés espagnols pendant le séjour de Sa Majesté, se livrèrent, après son départ, aux plus grands excès, non-seulement pendant le jour, mais encore pendant la nuit, comme s'ils eussent compté sur l'épaisseur des ténèbres pour voiler leurs sanglantes orgies.

Les Portugais armés enfonçaient les portes des maisons qu'habitaient les Espagnols; ils massacrèrent plusieurs de ces étrangers, et en blessèrent un grand nombre; leurs chevaux, leurs effets furent volés; bref, on n'épargna rien pour qu'ils eussent à payer bien cher l'hospitalité qui leur avait été promise, et que ces forcenés rendaient si horrible.

Je ne puis passer sous silence la conduite de deux officiers français au service de don Pedro : la signaler, c'est acquitter une portion de la dette de la reconnaissance; je n'hésite pas à le faire. Leur bataillon se trouvait à *Aldea Gallega*. Plusieurs soldats avaient pris part à cette espèce de Saint-Barthélemy; vingt officiers, tous de l'ancienne garde royale espagnole, se trouvaient logés à côté des deux Français. La nuit, la porte des Espagnols est enfoncée, ils vont éprouver le sort de leurs camarades égorgés; mais les émigrés espagnols déclarent aux Portugais, en mettant le sabre à la main, que pas un d'eux n'entrera tant qu'il y aura un seul Espagnol en état de repousser leur agression. La lutte s'engagea aussitôt avec fureur; les Espagnols repoussent vigoureusement les attaques de leurs nombreux assassins; ils connaissent le sort qui leur est réservé; le désespoir multiplie leurs forces : ils se battent avec acharnement. C'est dans ce moment que les deux Français paraissent le sabre à la main; ils fondent sur ces barbares, leur reprochent leur infâme conduite, et, après avoir harangué le peuple, ils donnent l'ordre à leurs soldats de rentrer au quartier. Là, ils font prendre les armes à leur compagnie, se mettent à leur tête, et parcoururent toutes les rues en s'opposant aux actes de cruauté qui partout étaient commencés : c'est à cette conduite honorable que ces vingt officiers durent leur salut. Honneur soit rendu à ces braves Français!

Le lendemain de cette horrible nuit, le colonel Well se présenta avec plusieurs chaloupes anglaises. Le peuple, encore ivre de carnage, et qui couvrait le port de sa masse dégoûtante,... fut saisi de crainte à la vue du colonel; il hésita, puis, lâchement intimidé, il disparut entièrement... Est-ce là une conséquence de l'influence britanique en Portugal? Je le crois... Le colonel Well fit embarquer les émigrés espagnols, qu'il plaça sous le commandement du général *Bel-*

lengero, et ils firent voile pour l'Angleterre.

Ainsi finit, en Portugal, cette lutte que deux frères, qui se disputaient le trône, entretinrent pendant plus de deux ans avec une égale ignorance de l'art militaire, et au grand détriment du peuple.

CHAPITRE VIII.

Jetons encore un regard sur l'Espagne. La reine Christine, malgré ses promesses et les déclarations authentiques qu'elle en fit, changea la forme du gouvernement espagnol, et un gouvernement représentatif fut établi sur les débris de l'ancienne royauté. Les chambres furent convoquées sous la dénomination, la première, des *proceres* (des pairs); la seconde, des *procuradores* (des communes). Les élections ne furent faites d'après aucun mode. On ne songea nullement à consulter la volonté du peuple; les électeurs furent désignés par suite des intrigues de la reine, et choisis parmi les individus qui avaient pris une part active aux événemens de 1820, 1822 et 1823, et dont les opinions politiques étaient franchement en faveur de la révolution. Les choix de Christine tombèrent de préférence sur les personnes qui, exilées à la suite de troubles politiques, n'étaient rentrées qu'après la mort de Ferdinand vii. Le peuple ne revit qu'avec effroi les hommes qui avaient travaillé avec le plus d'ardeur à la ruine de sa félicité. Il connaissait leurs desseins, leurs opinions, le but où ils voulaient arriver; dès-lors il s'attendait à des actes de vengeance auxquels ne manqueraient pas de se livrer des ambitieux que dix années d'exil avaient aigris davantage. Ces craintes n'avaient rien d'exagéré; d'ailleurs, il eût été difficile de se faire illusion à cet égard, puisque ces nouveaux sénateurs ne cessaient de répéter qu'ils s'attacheraient, avec le plus grand acharnement, à la poursuite des royalistes, contre lesquels ils conservaient, disaient-ils, une haine implacable. Ils fixèrent même l'année 1834 comme l'époque de la réussite certaine de leurs projets, la *régénération de l'Espagne*, en ajoutant qu'il n'était pas possible d'y parvenir sans faire tomber soixante mille têtes !!!

Ces résolutions, prises avec tant de sang-froid, et manifestées avec tant d'impudeur, effrayèrent le peuple. Les personnes les plus sensées n'en concevant que du dégoût et de la pitié, elles y puisèrent une nouvelle confiance et des gages certains pour l'avenir de leur patrie. « Il est « impossible, disaient-elles, que de tels projets « s'accomplissent, et qu'il y ait de l'écho parmi « les Espagnols. Le peuple, indigné, s'y oppo- « serait aujourd'hui au prix de tout son sang, « et plus les révolutionnaires se livreront à leurs « déclamations furibondes, plus le peuple res- « sentira d'aversion pour elles et d'horreur pour « ceux qui les auront faites. » Ces réflexions étaient sages, et, chaque jour, les faits justifient ce qu'alors elles avaient de sensé. Les Espagnols n'eurent plus lieu de douter que le gouvernement des chambres (c'est ainsi qu'ils le désignent) ne finît par les conduire à des malheurs incalculables, et ils lui refuseront leur sympathie.

Les révolutionnaires, appelés ailleurs républicains, sont si peu nombreux en Espagne, qu'excepté à Madrid, où une espèce de terreur, alimentée par des vexations continuelles et le déploiement d'une grande force militaire, paralyse l'expression populaire, et permet à ces extravagans de se réunir, nulle part on ne rencontre de ces *idéologues* dont le peuple ferait d'autant plus prompte justice, qu'ils ne dépassent pas le nombre de deux ou trois mille, encore sont-ils sans instruction, sans éducation et complètement ignorans.

Ce jugement est d'autant mieux fondé, le but des révolutionnaires parut d'autant plus évident, qu'on fut informé que leur intention était de donner le trône constitutionnel au frère cadet de don Carlos, l'infant don Francisco de Paula, et de renvoyer, hors du royaume, la reine et ses deux filles. Ils comptaient tellement sur la réussite de ce projet, que des médailles furent frappées, en secret, en l'honneur de *don Francisco primero, rey constitucional (François premier, roi constitutionnel)*.

Cette intrigue, à laquelle dona Carlota donnait l'impulsion, fut conduite avec le plus grand soin, comme aussi avec tout le mystère possible. Si cette princesse, toujours irritée contre don

Carlos, savait combien ses menaces et sa conduite à la Granja avaient peu satisfait les Espagnols, elle n'ignorait pas non plus l'aversion du peuple contre Christine; dès-lors elle crut pouvoir exploiter cette aversion à son profit, et placer son mari sur le trône. Cette opération, dont le succès eût flatté son amour-propre, lui était encore dictée par le besoin d'exercer sa vengeance contre don Carlos. Ainsi, d'un seul coup, elle songeait à expulser du trône les deux prétendans.

Dona Carlota avait d'abord été l'amie intime de la reine, qui n'eût rien fait sans consulter sa sœur; mais bientôt cette intimité disparut et fit place à la haine qui existe aujourd'hui entre ces deux femmes. Nous croyons pouvoir en faire connaître les motifs, d'après des renseignemens certains...

Le but de dona Carlota fut toujours de parvenir au trône. Elle regardait, avec raison, don Carlos comme un obstacle invincible à l'accomplissement de ses desseins, obstacle d'autant plus puissant, qu'il la tenait éloignée de la royauté de toute l'épaisseur des droits imprescriptibles que le prince avait acquis, et dont il refusait de se dessaisir de cette légitimité que le peuple ne consentirait pas à voir violer. Nous avons vu ce qu'elle fît pour retirer à l'héritier du trône de Ferdinand la possibilité, le droit même de ceindre sa tête du bandeau royal, comme le demandait le peuple. Dona Carlota, pour parvenir à ses fins, crut devoir s'emparer exclusivement de l'esprit de sa sœur, et exercer un empire absolu sur sa volonté ; elle y réussit pour quelque temps ; mais à la fin, la susceptibilité des libéraux fut alarmée de cette intimité ; l'ascendant de dona Carlota contrariait leurs projets, et paralysait l'influence qu'ils avaient exercée sur sa volonté royale, influence qu'ils jugeaient si utile au succès de leur entreprise, qu'ils avaient obtenue avec tant de peine, qu'ils craignaient de perdre, et voulaient conserver à tout prix...

Les révolutionnaires travaillèrent donc à rompre cette intimité ; des intrigues ourdies et suivies avec art eurent un succès complet, et bientôt les deux sœurs devinrent ennemies jurées. Christine voulait régner au nom de sa fille aînée, et sa sœur voulait monter sur le trône en dépit de tous les obstacles. Ce fut alors que les libéraux, connaissant la faiblesse de don Francisco de Paula, disons-le franchement, son manque de capacité et la futilité de ses goûts, parlèrent à la princesse dona Carlota du dessein qu'ils avaient conçu de placer définitivement son époux sur le trône, se réservant, *in petto*, de le diriger selon leurs vues. C'était combler de joie cette princesse qui avait nourri son ambition de tout le fantastique de ce rêve : aussi accueillit-elle ce projet avec enthousiasme; cruelle ambition!.... Cette princesse ne pressentit pas le sort qui l'attendait : le double exemple de Ferdinand dépossédé de ses droits, celui de la jeune Isabelle au moment d'être à son tour détrônée, puis renvoyée, ainsi que sa mère, hors du royaume, rien ne l'effraya; elle ne vit pas qu'elle allait devenir un instrument entre les mains des révolutionnaires, et qu'enfin don Francisco, son mari, ne resterait pas six mois sur le trône... Ne songeant qu'à la réussite de son projet, elle travailla sans relâche à son exécution... Puisse-t-elle l'avoir abandonné pour le repos de l'Espagne!! Ceux qui secondaient ses vues étaient des intrigans sans convictions politiques et sans attachement particulier pour don Francisco; ils le plaçaient sur le trône, dans leurs propres intérêts, comptant sur sa nullité, non dans un but d'utilité publique, et simplement comme un moyen conciliateur entre les deux partis.

En Espagne, il n'y a que deux partis; le troisième, celui de la république, presque inaperçu, y est également en horreur aux deux autres;

ainsi, les légitimistes d'un côté et les libéraux de l'autre se divisent seuls l'Espagne politique. Bien loin de suivre l'exemple des Français, les Espagnols repoussent toute opinion mixte; point de juste-milieu dans ce royaume, où on compte à peine dix mille personnes réellement indifférentes ou intéressées à l'être, encore penchent-elles vers le royalisme, comme principe conservateur. Le temps et les événemens qu'il nous cache encore justifieront mon dire, et tous ces grands diplomates qui, sans avoir égard aux mœurs, au caractère, aux habitudes des divers peuples, et surtout à leur plus ou moins de civilisation, tous ces petits grands hommes d'état reconnaîtront bientôt combien peu l'Espagne est préparée aux changemens qu'ils méditent, et combien aussi il est difficile de contraindre de suite, et surtout par l'arbitraire, le peuple à l'abandon d'une forme de gouvernement qui, pendant tant de siècles, a fait sa gloire et sa félicité; est-ce pour accueillir des rêves fantastiques de liberté, de bonheur du peuple, que chacun explique à sa guise, ou plutôt comme il le peut... et dans son intérêt seulement?

Comment espérer d'effacer entièrement ces principes religieux, ces préjugés auxquels le peuple espagnol est si franchement attaché et que les nouvelles idées de nos imberbes législateurs considèrent comme autant de sottises et de signes d'abrutissement ? L'ambition est-elle donc si maladroite ? mais pourquoi les Espagnols soutinrent-ils avec tant de courage la guerre que les Français leur firent pendant six ans, si ce n'est parce que ces voisins avaient détruit les églises et égorgé leurs prêtres, et qu'ils ne mettaient pas en doute qu'une fois vainqueurs, ils n'en fissent autant en Espagne ? Pour justifier ce que je viens de dire, je citerai pour exemple ce qui s'est passé à Sarragosse. Là, les paysans défendirent avec fureur les rues, les maisons, les chambres mêmes ; ils affrontèrent la mort avec un courage presque surnaturel, *parce qu'ils croyaient que la vierge del Pilar descendait dans un nuage pour les protéger contre leurs ennemis.* Ceci est du fanatisme, dira-t-on : d'accord ; mais faites qu'il soit tel aux yeux de ceux qui en jugent autrement, ou bien espérez.... Attendez, mais ne forcez pas à vous croire ceux qui vous disent : Vous nous trompez.... La conviction ne s'inocule pas comme la petite vérole. Rappelons-nous encore qu'en 1833, le peuple espagnol courut aux armes dès qu'il vit que les mêmes hommes qui avaient voulu, disaient-ils, illustrer la nation en 1820, étaient ceux qui apparaissaient une seconde fois pour gouverner le peuple. Réfléchissez enfin, novateurs imprudens autant qu'indiscrets, que les Espagnols sont encore trop attachés aux mœurs des époques de *Charles-Quint* et de *Philippe* II; ces règnes, qui les ont placés au rang des premières nations du monde, font encore leur gloire aujourd'hui : ils sont fiers d'être les descendans de ceux qui concoururent aux événemens de ces époques; ils sont trop Espagnols enfin pour devenir *constitutionnels* ou pour se laisser métamorphoser en *républicains*. Le peuple espagnol sait trop bien que la conduite de ceux-ci, leurs idées d'améliorations, leur amour du peuple, etc., etc., résident uniquement dans l'influence qu'exerce sur ces missionnaires de révolutions le double appât des honneurs et des richesses, pour se réunir à des intrigans dont le mot d'ordre est *Otes-toi delà que je m'y mette.*

Ces réflexions m'ayant détourné de mon sujet, je reviens près de Marie-Christine, que nous avons laissée brouillée avec *dona Carlota sa sœur.*

CHAPITRE IX.

Aussitôt que Marie-Christine connut le départ
de l'infant dont Carlos, elle fit imprimer dans
une gazette extraordinaire (*gaceta extraordi-
naria*), que don Carlos, fait prisonnier de
guerre, avait été conduit en Angleterre, et que
jamais il ne remettrait les pieds en Espagne,

sa conduite l'ayant rendu indigne d'un tel honneur. Cette nouvelle, ainsi que celle de la chute
de don Miguel, étonnèrent d'abord les royalistes si peu préparés à ces événemens. La cour de
Madrid, croyant les partisans de don Carlos
entièrement découragés par l'éloignement du
roi qu'ils attendaient d'un moment à l'autre
avec tant d'impatience, leur fit proposer une
anmistie générale; elle leur promit le par-
don et l'oubli de leurs crimes s'ils consentaient
à déposer les armes et à reconnaître *pour leur
légitime souveraine la reine Isabelle II*. Heureu-
sement la lettre du roi don Carlos était arrivée à
Zumalacarreguy avec la plus grande diligence.
Cette lettre produisit l'effet qu'en attendait Sa
Majesté; les royalistes répondirent à Christine :
« que si le roi don Carlos avait quitté le Portu-
« gal, il l'avait fait sans céder aucun de ses
« droits; qu'il était libre et non pas prisonnier
« comme elle l'annonçait; qu'ayant laissé à ses
« fidèles sujets le soin de les défendre contre
« les ennemis de son trône, les provinces de
« Navarre, d'Alava, de Guipuscoa et de la Bis-
« caye étaient décidées à s'ensevelir sous leurs
« propres ruines plutôt que de manquer à leur
« serment et à la fidélité qu'elles devaient à
« Charles v, leur seul roi. »

Cette réponse franche et énergique fit connaître au gouvernement sa véritable situation et tout ce qu'il avait à redouter d'une révolte soutenue par une force morale aussi prononcée; elle lui indiquait encore le besoin pour lui de recourir à des moyens extraordinaires pour éteindre à tout prix, dans le nord de l'Espagne, la guerre entretenue par les ennemis d'Isabelle, et qui gênait la marche de son gouvernement.

L'inhumanité et la barbarie, mis à l'ordre du jour dans l'armée constitutionnelle, légitimèrent les moyens les plus atroces employés pour parvenir à la soumission des provinces insurgées, malgré d'épouvantables représailles *et les ordres impitoyables*. Elles combattent encore leurs ennemis avec une ardeur qui est loin de se ralentir, et avec plus de confiance que jamais *en la justice de leur cause....*

CHAPITRE X.

Don Carlos, à bord du vaisseau le Domgal, fit voile vers l'Angleterre. Nous allons l'y suivre et donner quelques détails qui ne sont pas sans intérêt. Sa conduite depuis son départ de Lisbonne jusqu'à son voyage pour l'Espagne mettra l'Europe à même de juger tout ce que son caractère renferme de résolution, de constance et de fermeté.

Tandis que Marie-Christine croyait avoir porté le dernier coup aux justes prétentions de don Carlos, ce prince n'abandonnait pas ses projets et les méditait avec calme à l'ombre d'une discrétion soutenue. Forcé, comme Charles Stuart, de quitter ses états, prétendant comme lui à la couronne, et désirant comme lui de se mettre à la tête de ses fidèles sujets, le roi d'Espagne déplorait l'influence des événemens et l'effet des vicissitudes humaines; il frémissait à l'idée de rester inactif tandis que le sang coulait pour lui : tel on nous représente le roi d'Ecosse, jaloux d'apprendre à l'Europe la résolution qu'il avait prise de retourner dans ses états, après avoir dédaigné l'humiliante pension qui lui avait été accordée, de même on vit Charles v. Dominé par le désir de quitter l'Angleterre, il veut tromper les prévisions de la diplomatie, repousser avec dédain les avances de la quadruple alliance, et bravant les dangers d'un voyage long et pénible au travers d'ennemis intéressés à surveiller toutes ses démarches, il quitta les bords humides de la Tamise pour se diriger vers la fertile Espagne.

Charles v ne communiqua son projet à personne ; il fit tout, au contraire, pour éloigner les soupçons. Pendant la traversée de Lisbonne à Portsmouth, il demanda souvent aux officiers anglais quels étaient, dans les environs de Londres, les sites les plus agréables, son intention étant de louer une maison de campagne et de s'y établir jusqu'au moment de son départ pour la Suède. Lorsqu'on lui parlait des événemens de l'Espagne, il répondait : « Je suis certain que « mes amis ne céderont qu'à la force, et je « crois aussi fermement que la lutte sera longue « et acharnée ; en résumé, cette guerre sera « plus difficile pour Christine que ne l'a été « pour don Miguel celle que lui a faite son « frère. Je la plains, cette pauvre Christine ; « elle est loin de prévoir qu'elle et ses filles se- « ront les premières victimes de cette même ré- « volution qu'elle a si puissamment encoura- « gée…. Quant à moi, ajoutait le roi, puisque « le sort, puisqu'une destinée cruelle m'éloigne « pour toujours de ma patrie, je vivrai du « moins tranquille et sans remords parmi le « peuple au milieu duquel je serai bientôt, si « toutefois la Providence le permet. »

Après une traversée des plus heureuses, le *Domgal* jeta l'ancre dans le port de Portsmouth.

Le canon du vaisseau annonça qu'il avait le roi d'Espagne à son bord. Aussitôt la garnison prit les armes et se disposa à recevoir don Carlos. En même temps l'artillerie des remparts répondit à celle des vaisseaux qui étaient en rade.

L'ambassadeur de Marie-Christine à Londres, le comte de Florida-Blanca, fut le premier personnage qui, en faisant offrir au roi ses respects, réclama l'honneur d'être présenté à Sa Majesté. Don Carlos répondit : « Qu'il aimait « trop les Espagnols pour refuser d'admettre « auprès de lui ceux qui voudraient lui être « présentés; qu'ainsi le comte de Florida-Blanca « pouvait monter à son bord, comme simple « particulier seulement et à titre de compa- « triote, mais nullement en qualité d'ambassa- « deur d'Espagne, puisque la reine qu'il repré- « sentait en Angleterre n'était pour lui que la « veuve de son frère; qu'il se contentait d'aimer « Christine à cause de sa double qualité de mère « et de belle-sœur; mais que, fidèle à ce qu'il « devait à la conservation de ses droits, il re- « gardait la position royale de Christine et celle « de sa fille comme une double usurpation faite « au préjudice de ces mêmes droits auxquels il « ne renoncerait jamais. »

Le comte de Florida-Blanca n'en demanda pas

davantage ; il quitta de suite Portsmouth pour retourner à Londres.

Le roi débarqua immédiatement après son arrivée. Les honneurs militaires réservés aux têtes couronnées lui furent rendus. Il se fît conduire à l'hôtel qu'on avait préparé et arrêté en son nom, ainsi qu'il l'avait ordonné. Il fit également louer aux environs de Londres une maison de campagne. « Je veux, disait-il, vivre en-« tièrement en particulier. J'ai préféré une ha-« bitation loin de la capitale, afin d'être moins « accablé de visites, plus libre, et tout aux « souvenirs de ma patrie. » Je doute qu'il soit possible de mettre plus de persévérance et de résolution dans l'accomplissement d'une promesse, car il n'oubliait pas celle qu'il avait faite à Zumalacarreguy.

Dès que Sa Majesté fut arrivée chez elle, don Carlos fit demander monseigneur l'évêque de Léon et M. Anguet, officier français qui l'avait accompagné en Portugal. Alors il leur confia le projet qu'il avait conçu et qu'il nourrissait depuis long-temps, sans en avoir dit un mot à qui que ce fût, de se rendre en Espagne. Le roi dit à M. Auguet : « Je vous ai choisi pour m'ac-« compagner ; occupez-vous du soin d'avoir des « passeports et de tout préparer pour notre

« voyage. » Ces premiers ordres donnés, le roi voulut partir aussitôt pour Londres, et de là pour sa maison de campagne ; ce qui eut effectivement lieu. C'est ainsi qu'il préludait à l'accomplissement du désir qu'il n'avait cessé de manifester, de mettre, dès qu'il le pourrait, un terme aux dégoûts de la vie errante qu'il menait depuis trop long-temps.

Dès que Sa Majesté fut arrivée à cette campagne, diverses conférences eurent lieu sur les moyens à employer pour arriver sans obstacle en Espagne. Divers projets furent proposés : l'évêque de Léon, homme d'un caractère ferme, d'une discrétion à toute épreuve, et qui avait marqué d'une manière directe dans les événemens de la Péninsule, voulait que le roi partît par mer ; il le lui conseilla, objectant qu'en France Sa Majesté aurait trop de difficultés à vaincre pour tromper la vigilance de la police, et courrait le risque d'y être découverte. Le roi parut incertain.... Il balança quelques jours sur la route qu'il tiendrait, puis il se décida, malgré l'avis de l'évêque et celui de M. Auguet, à traverser la France pour arriver ensuite dans la Navarre. Ce plan une fois arrêté et l'itinéraire tracé, don Carlos, pour se déguiser, fit couper la moustache qu'il avait toujours portée jusqu'alors ; il se fit aussi raser la tête et se coiffa d'une perruque noire, à laquelle étaient attachés des favoris de la même couleur, et comme ce prince a les cheveux et la barbe blonds, il était complètement méconnaissable. Ceci expliquera peut-être comment les limiers de la police française ont été en défaut. Cependant la difficulté de se procurer des passeports était grande ; le roi le sentait ; mais comptant sur la distraction de M. de Talleyrand et la faiblesse de sa vue, le roi et son compagnon de voyage affrontèrent toutes les difficultés, et ce fut l'ambassadeur de France lui-même qui leur délivra, peut-être au nom de la quadruple alliance, les passeports dont ils avaient besoin.

Don Carlos n'attendait plus que l'instant de son départ ; et comme un envoyé du général Zumalacarreguy, chargé de prendre les ordres du roi, était arrivé en Angleterre avant même que Sa Majesté n'y fût débarquée, le roi renvoya cet officier près de son chef, avec ordre de lui dire que, le 9 de juillet, il passerait la frontière et entrerait dans ses états.

Cet émissaire, après avoir traversé une seconde fois la France, malgré les douaniers, les gendarmes et les mouchards, arriva très-heureusement au quartier général de Zumalacarreguy.

CHAPITRE XI.

Tout-à-coup le bruit se répandit à Londres que le roi d'Espagne était malade. Quelques personnes qui étaient venues pour voir Sa Majesté furent cependant introduites jusqu'auprès de son lit, ne voulant pas, disait don Carlos, que ces messieurs eussent fait en vain le trajet de Londres à son château. Deux jours après, le médecin ayant déclaré que le roi était plus mal, les visites cessèrent, ainsi que le roi en avait témoigné le désir. Les domestiques reçurent l'ordre de n'admettre personne, et la reine parut fort triste. A l'aide de tant précautions, tout le monde crut à cette maladie : M. de Talleyrand même fut complètement dupe, et à tel point, qu'il envoyait régulièrement tous les jours savoir des nouvelles de don Carlos, tandis que l'ambassadeur d'Espague, de son côté, regardait sa mort comme devant être très-prochaine.

Cependant le roi continuait son voyage; il était en France, où il applaudissait les beautés de l'opéra de Robert le Diable, et déjà en Espagne, à la tête des braves Navarrais, que M. Talleyrand continuait à avoir des attentions pour lui, et qu'on apportait encore de chez le pharmacien les médicamens ordonnés par le médecin du roi!!

Ce fut le premier juillet que don Carlos s'embarqua à Londres pour Boulogne, où il mit pied à terre après une traversée des plus agréables, comme aussi des plus instructives, dans la société d'un grand personnage. A Boulogne, il prit la diligence pour Paris, ce qui est tant soit peu bourgeois. Il resta deux jours dans cette capitale, non pas caché, mais d'une manière tout ostensible, tout ordinaire, s'occupant de ses affaires, recevant les visites de plusieurs de ses amis, leur donnant des ordres, et ne perdant pas de vue sa fidèle Espagne. Ses affaires terminées, don Carlos monta dans une chaise de poste et partit avec M. Auguet. Arrivés à Bordeaux, où ils s'arrêtèrent un jour, puis à Bayonne, ce fut de là que le roi d'Espagne se dirigea vers la Navarre; il y arriva le jour qu'il avait fixé à Zumalacarreguy, c'est-à-dire le 9 juillet; comme nous avons vu. Le 11, il était à la tête des Espagnols, dans un bourg appelé Elisondo. Son arrivée fut aussitôt connue de toute la province :

> La prompte renommée en répand la nouvelle,
> Le peuple, ivre de joie et volant après lui,
> Le nomme son héros, sa gloire, son appui,
> Et parle enfin du trône où sa vertu l'appelle.

Nous avons vu avec quel soin les libéraux cherchèrent à déconsidérer don Carlos. Tantôt ils l'accusaient d'irrésolution, et de manquer de courage; tantôt, de n'oser se séparer de sa femme, à la robe de laquelle il était, disaient-ils, comme cousu; enfin, pour faire allusion à ses principes religieux, ils le peignaient comme étant continuellement dans une extase mystique, attendant que le ciel lui pose la couronne royale sur la tête, et n'ayant jamais entendu un coup de canon, ni même su passer un seul soldat en revue.

Moi qui ai parfaitement apprécié le roi, je remplis un devoir en démontrant tout ce que ces réflexions ont de perfide et de mensonger; les vertus de don Carlos pouvaient seules provoquer ces furibondes déclamations.

Lorsqu'à la Granja et à Madrid, le peuple en foule vint offrir la couronne à don Carlos et lui exprimer son désir de la lui voir poser sur son front, il l'engagea à prendre les rênes du gouvernement comme un moyen assuré de rétablir le calme et le bonheur en Espagne. Ce prince refusa, parce que l'honneur l'y obligeait; il ne pouvait occuper le trône qu'à l'ombre de ses droits imprescriptibles, droits qu'il ne pouvait acquérir que par la mort de son frère, dont il était et resterait jusque-là le premier sujet. Il eût rougi de donner à son frère, à ses fils, à l'Europe, l'exemple d'une usurpation indigne de lui. Par là il ôtait à tout ambitieux le droit de lui dire : *Ce que tu as fait contre ton roi, je le fais à mon tour contre toi.* Je doute que les révolutionnaires puissent trouver la moindre preuve d'irrésolution dans cette conduite de don Carlos, puisqu'il fut assez ferme pour refuser les mêmes offres de ses amis et résister à l'attrait d'une couronne.

Le lecteur impartial aura pu juger combien a été difficile la position du roi d'Espagne. Les efforts qu'il a faits pour rentrer dans ses états, et les obstacles vraiment insurmontables qui se sont opposés à l'exécution de ses projets, sont vraiment au-dessus de toutes prévisions et portent le cachet d'un grand caractère, d'une ferme résolution, d'une volonté indestructible.

> Intrépide vertu, tranquillité profonde,
> Que n'ébranlerait point la ruine du monde.

Aurait-on préféré que, flottant sans cesse d'incertitude en incertitude, il fût, comme Prusias, de l'avis d'Annibal, puis tout-à-coup de celui de Flaminius, selon qu'il se serait trouvé avec l'un ou avec l'autre? Mais les révolutionnaires, qui ne jugent que d'après leurs idées, sans égard aux faits, continueront-ils à dire aux royalistes : « Quel est donc votre aveuglement? « Pourquoi prenez-vous les armes ? Pour qui « vous faites-vous tuer? Pour don Carlos? Il « attend en Portugal, d'où il n'ose sortir, le « résultat de vos efforts! C'est une grande folie!! « Pourquoi ne vient-il donc pas combattre à

« votre tête? C'est qu'il est sans courage , sans
« énergie et d'une lâcheté proverbiale!!... Un
« roi qui manque d'ame et de caractère, est in-
« digne du trône.... Il ne peut régner.... Les
« temps et l'honneur de la patrie le repoussent
« également : ils le refoulent loin du trône !! »

Que diront-ils aujourd'hui ces ennemis constans de toute vérité?... garderont-ils le silence?..
Non, ce mutisme serait un hommage rendu à la
vérité : l'outrager est pour eux un besoin impé-
rieux et que leur inspire la fausseté de leurs
doctrines ; car, comme Mahomet à Séide, ils disent au peuple et à leurs prosélytes :

. . . Aidez-nous à tromper l'univers.

Puissent leurs efforts être impuissans!

Le roi aime beaucoup sa femme et ses enfans ;
mais jamais la reine n'exerça la moindre influence sur l'esprit de ce prince ; jamais elle ne
chercha à triompher de sa détermination pour
entraver sa volonté. Don Carlos désirait que sa
famille le suivît pour veiller sur elle, et s'assurer qu'elle ne courrait aucun danger. Ce sentiment est-il indigne du cœur d'un roi?... La
nature n'exerce-t-elle pas également ses droits sur
tous les hommes? Sous le manteau royal, le cœur
est-il sans chaleur comme sans mouvement ? La

reine, douée d'un courage viril, voulait suivre son époux... Elle l'accompagna, mais il serait absurde d'en tirer aucune conséquence politique. D'ailleurs, ce que j'ai vu du caractère du roi, de sa fermeté, de la force de ses déterminations, prouvent d'une manière irréfragable que chez lui la volonté n'est jamais le résultat d'une influence étrangère.

Ennemis de Charles v, vous qui, comme je viens de le dire, l'accusez de lâcheté, je vous le demande : N'est-il pas à la tête de son armée, de cette armée dont il fut si long-temps éloigné malgré lui, puisque vingt fois il faillit devenir votre victime, après être tombé dans les piéges que vos ruses machiavéliques lui avaient tendus? Pour y arriver, a-t-il fait preuve de discernement, de prudence, de fermeté et de réflexion? Répondez, vous qui l'avez vu affrontant, en face de vos avant-postes, la mort que vous lui prépariez!! Eh bien ! c'est avec la même abnégation de la vie, le même esprit des tortures, qu'il a méprisé les fers que lui préparaient les alliés de votre reine, et que son courage, aiguillonné par les obstacles qu'il a surmontés, le dirige avec orgueil vers un trône resplendissant d'espérance et de grandeur, vers ce trône qui lui appartient, et que vos sophismes, loin d'ébranler, ne font

que consolider, en assurant sa base et en donnant à l'amour du peuple pour son roi un nouveau degré de puissance et d'énergie!! Croyez-
vous parvenir à tromper facilement encore une
partie de l'Espagne? Pensez-vous réellement
qu'une longue minorité, sous la régence d'une
femme sans talent, sans expérience, puisse assurer le bonheur de la patrie?..... Oh! non,
vous ne le croyez pas!! L'idéalisme, l'erreur ne
vont pas jusque-là; ils n'ont point cette élas-
ticité : le bon sens et la raison du peuple sont
moins malléables. Espagnols!..... rappelez-vous
les règnes glorieux de nos rois,.. ceux de Charles-
Quint et de Philippe ii!!!! Où sont-ils ces temps
moins éloignés et plus heureux où, réunis sous
une bannière et groupés autour du trône, vous
combattiez pour conserver au descendant de ces
grands rois l'héritage d'honneur, de patriotisme
et de gloire qu'ils lui avaient légués? Vos efforts
furent héroïques alors, et jamais l'ennemi le plus
entreprenant, conduit par le premier capitaine
des temps modernes, ne put vous dicter des lois...
Que sont donc devenus cette fidélité, cet amour
pour vos rois? Oh! source de regrets! ils ont fui
loin de vous!! avec eux ont disparu de vos cœurs
l'amour de la patrie, l'idée du bonheur national,
garantis si long-temps par notre valeur, et que

partie d'entre vous n'exploite aujourd'hui que comme un moyen de satisfaire son ambition en trompant le peuple. Qu'est devenue cette unité politique qui faisait notre force et le désespoir de nos adversaires? elle n'existe plus! A vous seuls, révolutionnaires, vrais et uniques ennemis du pays, nous devons ce malaise qui mine le corps social de notre patrie; elle souffre, elle vous repousse! Arrière donc, novateurs impru·dens!!... Je connais vos projets et le but où tendent vos efforts; les voici l'un et l'autre:

Vous préférez Christine à don Carlos, l'ombre de la royauté à la royauté elle-même, parce que cette femme, que vous n'estimez ni ne respectez, est entre vos mains un instrument docile à vos vues et à votre ambition, et que don Carlos ne s'y prêtera jamais; parce que Christine tolère la dilapidation de la fortune publique, et que don Carlos s'y opposera constamment; parce que Marie-Christine permet que des citoyens paisibles soient égorgés, tandis que don Carlos punirait les auteurs de ces forfaits; parce que Christine est en Espagne la bannière des ennemis des trônes, et que don Carlos est l'oriflamme de la légitimité, de cette protectrice à laquelle l'Espagne dut sa gloire. Vous préférez Christine, parce que vous savez que l'esprit révolutionnaire, qui veut tout dominer et qui mine sourdement les trônes, trouverait en don Carlos un adversaire puissant et redoutable, et que vous voulez remplacer la succession au trône par une royauté citoyenne issue d'une propagande désorganisatrice et improvisée au pied d'une barricade par quelques individus, sans égard au vœu national; royauté sans pudeur, qui vous mitraillera en même temps que vous la caricaturerez; et qu'en un mot, vous ne triompherez jamais de Charles v comme vous l'avez fait de Christine!!!

Mais la nation espagnole n'est point entièrement veuve de son attachement pour ses rois; elle combat encore pour son antique monarchie contre votre minorité inaperçue. Venez à nous, nous vous ouvrons nos bras et nos cœurs... Ah! puissions-nous un jour, réunissant nos efforts et nos vœux, prouver au monde, par l'unanimité de notre amour pour Charles v, que

La race des vrais rois tôt ou tard est chérie!!

FIN.

www.ingramcontent.com/pod-product-compliance
Ingram Content Group UK Ltd.
Pitfield, Milton Keynes, MK11 3LW, UK
UKHW021213140726
13695UKWH00002B/525

9 782013 488822